EL DERECHO A LA INTIMIDAD COMO LÍMITE DEL PODER DE CONTROL Y VIGILANCIA DEL PATRONO

JAIR EFRAÍN DE FREITAS DE JESÚS

EL DERECHO A LA INTIMIDAD COMO LÍMITE DEL PODER DE CONTROL Y VIGILANCIA DEL PATRONO

COLECCIÓN ESTUDIOS JURÍDICOS
N° 114

Editorial Jurídica Venezolana
Caracas, 2016

©   Jair Efraín De Freitas De Jesús
e-mail: jair_defreitas_1@hotmail.com

ISBN Obra Independiente: 978-980-365-360-6
Depósito Legal: DC2016000728

Editorial Jurídica Venezolana
Sabana Grande, Av. Francisco Solano, Edif. Torre Oasis, Local 4, P.B.
Apartado Postal 17.598, Caracas 1015-A, Venezuela
Teléfonos: 762.2553/762.3842 - Fax: 763.5239
E-mail fejv@cantv.net
http://www.editorialjuridicavenezolana.com.ve

Diagramación, composición y montaje
por: Mirna Pinto de Naranjo, en letra Book Antigua 12,
Interlineado 12, mancha 18x11.8

Dedicatoria

*A Dios, por ser la guía fundamental
en cada uno de mis pasos*

*A mis padres, quienes a pesar de haber tenido que afrontar
desde su infancia las responsabilidades del trabajo,
me inculcaron temprano el estudio como forma de superación*

*A Yenny, por seguir marcando el sendero de la excelencia
con paso firme y perseverante*

*A mis amadas Isabel y Adriana,
los regalos más hermosos que me ha dado la vida*

*A Liliana, por su apoyo incondicional y constante,
por los duros sacrificios y su inagotable paciencia:
Que tus ojos sigan iluminando los míos*

*A los que ya no están, con especial afecto a mis abuelos,
así como también mis tíos Ilidio y Agustín*

PRÓLOGO

I

1. La relación de trabajo entraña necesariamente un vínculo de *subordinación* o *dependencia*, por cuya virtud el trabajador está obligado a obedecer las directrices e instrucciones que emanen del poder patronal de organización, dirección y disciplina del proceso productivo.

2. Del aludido *poder de mando* que ostenta el patrono en la esfera de la relación de trabajo se desgajan, entre otras, las facultades de *control* y *vigilancia* sobre los servicios personales ejecutados en su beneficio, a los fines de verificar el estricto acatamiento de las obligaciones dimanantes del vínculo laboral.

3. Cabe advertir, por obvio que resulte, que las facultades patronales de *controlar* y *vigilar* el cumplimiento de las obligaciones laborales se materializan en el control y vigilancia del propio trabajador, siendo que éste no puede escindirse de la energía de trabajo que pone a disposición de otro.

4. Queda así en evidencia que el objeto de la relación de trabajo es el ser humano que presta servicios bajo dependencia y por cuenta de otro, esto es, el *cuerpo del trabajador mismo*[1]; resultando –por ende– comprometida su *dignidad*[2] y, por ello

---

1 SUPIOT, Alain. *Crítica del Derecho del Trabajo*. Ministerio del Trabajo y Asuntos Sociales. Colección Informes y Estudios, N° 11, Madrid, 1996, p. 174.
2 CALDERA RODRÍGUEZ, Rafael. *Derecho del Trabajo*. Tipografía La Nación, Caracas, 1939, p. 238.

mismo, imponiéndose, mediante normas revestidas de orden público, restricciones al ejercicio de la autonomía de la voluntad de los sujetos involucrados.

5. El ejercicio del *poder de mando* patronal, y en particular las funciones de *control* y *vigilancia* que de aquél dimanan, encuentran como límite intangible la *dignidad* del trabajador, es decir, su condición de *ser humano*, dotado de valores morales y espirituales que reclaman un debido respeto a su autonomía, libertad de elección y voluntad de autodeterminación[3]. En consecuencia, resultan reñidas con la dignidad del trabajador las conductas patronales que tengan por objeto o efecto su *cosificación* o *instrumentalización*, mediante la sujeción a condiciones degradantes que vulneren su integridad moral.

6. De este modo queda demarcado un ámbito de potencial tensión entre *derechos fundamentales*, es decir, integrantes ambos del *bloque de constitucionalidad*: de un lado, la *libertad de empresa* que entraña, entre otros, el *poder patronal de mando* y, como emanación de éste, las facultades de *control* y *vigilancia* del proceso productivo, y del otro, la *dignidad* del trabajador dependiente que, entre otras garantías, exige el respeto de una esfera de *intimidad*, refractaria a las injerencias de terceros.

II

7. La potencial tensión descrita en el párrafo precedente constituye el objeto de la obra *El derecho a la intimidad como límite del poder de control y vigilancia del patrono*; a través de la cual su autor, JAIR DE FREITAS, afronta con meticulosidad, rigor académico, perspectiva práctica, abundantísima y actual bibliografía, y meridiana claridad expositiva, los contornos de los derechos fundamentales en pugna, las áreas de frecuente fricción dentro del perímetro de las relaciones laborales, y los mecanismos de reparación que ofrece nuestro ordenamiento jurídico.

---

[3]   RUIZ-GIMÉNEZ CORTÉS, Joaquín. *Comentario al artículo 10.* Comentarios a la Constitución española de 1978. Alzaga Villaamil, director. Ed. Edersa, Madrid, 1997, p. 68.

8. A los fines indicados, el autor destina los dos primeros capítulos de su obra a precisar la naturaleza jurídica, contenido y alcance de los derechos fundamentales pugnantes, con especial referencia a los atributos que les confiere nuestro sistema normativo:

a) El poder patronal de *control* y *vigilancia* sobre el proceso productivo y, con mayor especificidad, sobre el desempeño de sus trabajadores, como emanación de la *libertad económica* que consagra el artículo 112 de la Constitución republicana de 1999 (CRBV); y

b) El derecho a la intimidad que el artículo 60 CRBV reconoce a las personas y que en el ámbito de la relación de trabajo adquiere particulares connotaciones, permitiendo reconocerlo como *derecho fundamental inespecíficamente laboral,* en la ya clásica calificación de MANUEL CARLOS PALOMEQUE[4].

A su lado, se advierte la multiplicidad de instrumentos normativos internacionales sobre derechos humanos, ratificados por la República, que contemplan el derecho a la intimidad y que, por virtud de lo dispuesto en el artículo 23 CRBV, se insertan en nuestro bloque o sistema de constitucionalidad.

9. La conjugación de los criterios desarrollados en los dos primeros capítulos de la obra ofrece los escenarios o situaciones de potencial tensión entre las facultades de *control* y *vigilancia* patronal y el *derecho a la intimidad* del trabajador dependiente, desarrollados con escrupuloso detalle en los capítulos sucesivos:

a) *Pre-contractuales*: correspondientes a los vínculos que se anudan entre el demandante de trabajo, potencial patrono, y el ofertante de servicios, eventual trabajador, a propósito de la información recabada por aquél y/o suministrada por éste (*"fase de indagación"*), y su debido resguardo (*"fase de uso o manejo de los datos obtenidos"*).

---

4   *El derecho a la igualdad y no discriminación en el ordenamiento laboral español*. Derecho del Trabajo, No. 2. Fundación Universitas de Estudios Jurídicos, Barquisimeto, 2006, p. 15.

En el capítulo comentado, aunque se aclara que no cabe aludir en estricto sentido a los poderes patronales de *control y vigilancia*, se aborda lo concerniente a la información que lícitamente puede exigirse a los ofertantes de servicio o recabarse sobre éstos ("legítimas [sólo] en la medida que estén circunscritas a los aspectos inherentes al cargo llamado a ocupar por el aspirante"), fijándose posición acerca de, entre otras situaciones, la -vergonzante- utilización de listas discriminatorias, la aplicación de formularios y pruebas, la sujeción a exámenes médicos y de laboratorio, y la realización de entrevistas.

Finalmente, se enfatiza lo concerniente a la imperativa *confidencialidad* de la que deberá revestirse, dentro y fuera del centro de trabajo, la información asociada a la denominada *fase de indagación* de los datos vinculados al ofertante de servicios.

b) *Contractuales* ("circunscrito a las obligaciones laborales"): constituye, por decirlo de algún modo, el *núcleo duro* de la investigación toda vez que coloca las facultades de *control y vigilancia* dentro del perímetro que le sirve de justificación técnica y jurídica, es decir, en el seno del proceso productivo organizado, dirigido y sancionado por el patrono.

De modo tal que la *vigilancia* y *control* sobre el desempeño de los trabajadores se erige en imperativa garantía de satisfacción de los objetivos trazados en ejercicio de la *libertad de empresa*. No obstante, al frente, ostentando también rango *ius fundamental*, aparece el *derecho a la intimidad* de los trabajadores como límite infranqueable que no le es dado traspasar al poder patronal de mando.

Los casos concretos de tensión entre los derechos fundamentales advertidos, que afloren en el desarrollo del proceso productivo, habrán de abordarse mediante la técnica de la *ponderación*, por contraste con la *subsunción* que rige fuera del ámbito *ius fundamental*. En consecuencia, el *derecho a la intimidad*, que estimo como ángulo de análisis por su condición de derecho humano, sólo podrá ser objeto de restricciones lícitas, en ejercicio del *control y vigilancia* patronal, en tanto satisfaga los atributos, reconocidos doctrinaria y jurisprudencialmente, de *idoneidad, necesidad, razonabilidad* e *intangibilidad del núcleo esencial*.

En este contexto, se abordan tópicos de inopinable trascendencia, actualidad y rasgo controversial como lo son, entre otros, la utilización de cámaras de video, micrófonos, grabaciones telefónicas, tarjetas electrónicas para el ingreso y desplazamiento por el centro de trabajo, e indagaciones sobre los ordenadores y servidores provistos por el patrono.

c) *Extra-laborales*: se analiza el ejercicio de la facultad de control y vigilancia fuera de "su radio de acción natural, esto es, más allá de la constatación o verificación sobre el cumplimiento de las obligaciones del trabajador con arreglo a las instrucciones impartidas por el patrono...".

En este capítulo se desarrollan, como opciones lícitas del ejercicio de la referida facultad patronal de control y vigilancia, las medidas adoptadas para evitar la sustracción o deterioro de bienes ajenos a los trabajadores, o verificar –con imperativo carácter excepcional- las conductas de éstos que, aun cuando fuesen exteriorizadas fuera del perímetro del centro o área de trabajo, revistan innegable "trascendencia laboral", como podrían ser los casos de comisión de delitos graves que infligiesen al empleador daños de naturaleza económica o moral.

10. En todos los espacios de ejercicio lícito de la facultad patronal de *control* y *vigilancia*, la obra que se prologa ofrece al lector atinadas reflexiones acerca de los *mecanismos procesales* idóneos para recabar eficaz tutela en el supuesto de resultar lesionado el *derecho a la intimidad* del trabajador, entre los cuales destacan la acción de *amparo constitucional*, como corresponde en todo caso de amenaza o efectiva violación de derechos fundamentales; la acción de *habeas data*, sobre todo en lo concerniente a los datos personales del trabajador que el patrono resguarda; las *acciones civiles* destinadas al resarcimiento de los daños materiales y morales infligidos al trabajador; la *extinción justificada del vínculo laboral* y la percepción de las *indemnizaciones* correspondientes; y las *acciones penales* cuando la conducta del patrono aparezca tipificada como delictual, como en el supuesto de violación de la privacidad de las comunicaciones.

III

11. Por último, aunque resulten, con mucho, las notas más relevantes del presente prólogo, por lo menos en lo que respecta a la esfera de mis afectos, ofreceré algunas breves justificaciones de mi condición de prologuista de *El derecho a la intimidad como límite del poder de control y vigilancia del patrono*.

12. JAIR DE FREITAS acumula los títulos de licenciado en Relaciones Industriales (2001), Abogado (2004) y Especialista en Derecho del Trabajo (2010), conferidos por la Universidad Católica Andrés Bello (UCAB), mi *alma mater* y donde tengo el privilegio de impartir la docencia desde 1991. En ese ámbito, precisamente, desempeñándome como profesor de la cátedra de *Conflictos Colectivos de Trabajo*, en el referido curso de especialización, pude constatar su sólida formación profesional, rigor analítico y compromiso con la excelencia.

13. Con ocasión de la preparación de la tesis que constituye el último requisito para merecer el título de especialista en Derecho del Trabajo, me solicitó, trabada ya una estrecha amistad, brindarle la exigida tutoría académica. Acepté de inmediato, a sabiendas que, más que una carga, constituiría la excepcional oportunidad de constatar sus capacidades profesionales y acompañar sus progresos como incansable investigador, sesudo doctrinario y comprometido docente en el área del Derecho del Trabajo.

14. Quienes conozcan del desenvolvimiento profesional de JAIR DE FREITAS podrán dar fe de su inagotable vocación de trabajo e insaciable voracidad investigativa, que lo han impulsado a *atesorar* –literalmente- una soberbia biblioteca sobre relaciones de trabajo, que lee, relee y custodia sin cuartel. No me extrañaría que ante el anuncio de un inminente diluvio universal, JAIR se entregase a la tarea de construir un arca inmensa para salvaguardar de las aguas sus libros más preciados, ordenándolos de dos en dos ejemplares, por si acaso el milagro del apareamiento y la reproducción.

15. En la actualidad impartimos clases de Derecho del Trabajo en la UCAB, él en la Facultad de Ciencias Sociales y yo en la de Derecho, y ambos en la Especialización en Dere-

14

cho del Trabajo; además de coincidir frecuentemente en cursos orientados hacia las relaciones laborales y su regulación jurídica.

16. Las coordenadas afectivas y académicas antes descritas explican sobradamente el entusiasmo y compromiso que siento al acompañar a JAIR DE FREITAS en la publicación de esta obra, generosa en perspectivas de análisis y fuentes bibliográficas, que con toda certeza habrá de convertirse en punto de encuentro de quienes pretendan analizar los límites del lícito ejercicio de los poderes patronales en el espectro complejo y a la vez enriquecedor de los derechos fundamentales.

César Augusto Carballo Mena

Caracas, abril de 2014

INTRODUCCIÓN

En el ámbito de las relaciones laborales el patrono o empleador es quien ostenta la facultad de determinar e instrumentar la forma de prestación de servicios, de tal suerte que gira instrucciones sobre el modo como debe ejecutarse el trabajo. Lo anterior trae aparejado el poder de vigilar, de controlar la actividad desarrollada por el trabajador que ha recibido tales instrucciones, así como también la potestad de sancionar aquellas conductas que no correspondan con ellas.

Esta aproximación a la noción amplia del Poder de Dirección constituye el punto de partida del presente libro, toda vez que la misma no solo exhibe la existencia del Poder de Controlar y Vigilar patronal, sino que además le reviste de importancia.

En efecto, más allá de la legitimación que deviene del contrato de trabajo y del complemento inescindible que se haya en el factor económico fundamentado constitucionalmente en el derecho de libertad de empresa, en virtud del cual se permite al patrono o empleador ejercer atribuciones y/o potestades encaminadas a la organización de los factores productivos (así como también en cuanto al modo de ejecutar el trabajo según los fines de la empresa y en atención a las necesidades de producción); es el Poder de Controlar y Vigilar lo que en definitiva le confiere al patrono o empleador la posibilidad constatar si se ha dado o no cumplimiento a las instrucciones por él impartidas.

Pero el ejercicio de dicho Poder de forma absoluta implicaría no sólo la colisión sino además la negación de uno de los derechos humanos y/o fundamentales más relevantes para todo trabajador; a saber: el derecho a la intimidad. De tal suerte que este último se erige como límite al Poder de Control y Vigilancia del patrono, generándose así una interrelación entre ambos derechos, donde cualquier explicación que pretenda salvaguardar su coexistencia, no solo tiene que partir de una hermética disección conceptual, sino que además debe basarse –necesariamente- en la teoría de los derechos humanos y/o fundamentales.

Habida cuenta lo anterior, el Capítulo I del presente libro parte de la aproximación al Poder de Dirección Patronal del cual se desprende el Poder de Control y Vigilancia, para luego concentrarse en la delimitación de contenido, alcance y naturaleza jurídica de este último; y con base en ello, examinar detalladamente su regulación en el régimen jurídico venezolano.

De tal cometido se desprenderá que no obstante que el Poder de Control y Vigilancia encuentra raíces constitucionales, ello no le reviste de un carácter absoluto o exento de limitaciones. Por el contrario, tal y como se refleja en el primer capítulo existen tres tipos de limitaciones que orbitan alrededor del Poder de Control y Vigilancia; a saber: (i) De orden espacial, (ii) de orden temporal; y (iii) de contenido.

Dentro de esas limitaciones del Poder de Control y Vigilancia, se halla el Derecho a la Intimidad, el cual también es objeto del presente libro. En razón de ello, el primer acápite del Capítulo II, se dedica a la aproximación conceptual de dicho derecho, comenzando por un abordaje 'no jurídico' que en definitiva viene a revelar parte de los elementos necesarios en la delimitación de su contenido y alcance desde la perspectiva jurídica.

En ese mismo Capítulo II, se analiza la naturaleza jurídica del derecho a la intimidad, y habida cuenta su carácter de *derecho humano y/o fundamental* se analizan los efectos que de ello se desprende, con especial énfasis en los aportes doctrinarios y jurisprudenciales de cara a su eventual limitación y/o restricción, para finalmente abordar el régimen jurídico venezolano en materia de Derecho a la Intimidad, lo cual se hizo teniendo en cuenta las normas internacionales que informan sobre este derecho, así como también la exégesis del articulado constitucional y un análisis detallado de las normas de rango legal y sublegal vigentes en Venezuela.

Partiendo de todas las precisiones formuladas en los dos primeros capítulos, el presente libro se dedica al análisis de la coexistencia entre el Derecho a la Intimidad en el ámbito de las relaciones de trabajo y el Poder de Control y Vigilancia patronal.

En ese sentido se identificaron tres momentos en los que pueden presentarse variaciones en la correlación de ambos derechos; a saber: (i) Situaciones pre-contractuales donde no cabe hablar exactamente de Poder de Control y Vigilancia sino más bien de 'Prerrogativas del Sujeto Contratante', (ii) situaciones circunscritas a las obligaciones estrictamente laborales; y (iii) situaciones extralaborales. Cada una de ellas fue tratada en capítulo separado.

En cuanto al capítulo referido a las situaciones pre-contractuales, allí se analiza la coexistencia entre las Prerrogativas del Sujeto Contratante y el Derecho a la Intimidad de las personas, tanto en la fase de indagación como en la relativa al uso y manejo de los datos obtenidos, para finalmente abordar los mecanismos procesales en caso de violación de los derechos involucrados.

Respecto de las situaciones circunscritas a las obligaciones estrictamente laborales desarrollado en el Capítulo IV, tuvo lugar el análisis relativo a la coexistencia entre el Derecho a la Intimidad y Poder de Control y Vigilancia Patronal, partiendo de los aspectos propios de las formas clásicas de prestación de servicios laboral, así como también la incidencia de la tecnología en las relaciones trabajo.

Sobre este último aspecto se hizo hincapié en el uso de medios específicos, tales como cámaras de video, uso de micrófonos, grabaciones telefónicas, implementación de tarjetas electrónicas, incorporación de recursos informáticos, registros de ficheros y carpetas contenidos en computadores y servidores de la empresa, conexión de internet, uso de correo electrónico y trabajo a distancia.

Un último capítulo referido a la coexistencia del Poder de Control y Vigilancia con el Derecho a la Intimidad en situaciones extralaborales, da cuenta de aspectos tales como la sustracción de bienes que son propiedad de la empresa y circunstancias de la vida privada del trabajador que son de trascendencia laboral.

CAPÍTULO I

EL PODER DE CONTROL Y VIGILANCIA DEL PATRONO EN EL DERECHO LABORAL VENEZOLANO

En el presente capítulo corresponde atender a la regulación del poder de control y vigilancia patronal a la luz del régimen jurídico laboral venezolano, específicamente en lo relativo a precisar lo que se entiende por poder de control y vigilancia del patrono, su naturaleza jurídica y; finalmente, cómo está regulado en la normativa laboral vigente.

En razón de ello, se ha estructurado el este primer capítulo en tres partes. La primera, referida a la aproximación a la definición del poder de dirección patronal ya que de allí emana –tal y como se indicará posteriormente– esa facultad patronal de supervisar, controlar y vigilar la prestación de servicios ejecutada por sus trabajadores.

En la segunda parte del presente capítulo, se abordará la definición del poder de control y vigilancia patronal, en específico a la delimitación teórica de su contenido, alcance y naturaleza jurídica. Por fin, en la tercera parte, se analizará la estructura jerárquica del ordenamiento jurídico laboral venezolano vigente, a los fines de precisar la regulación de dicha institución en Venezuela.

1.   *Aproximación al poder de dirección patronal*

El contrato de trabajo es un concierto de voluntades, en virtud del cual un sujeto llamado trabajador se obliga a prestar personalmente servicios, en forma remunerada, por cuenta ajena y bajo la dependencia de otro sujeto –denominado patrono o empleador–.

Como contrato, comporta una serie de caracteres que el profesor Fernández, A. (1975, p. 31-32) precisa de la forma siguiente:

a. *Onerosidad*: En oposición a gratuito. En virtud de ello, el trabajador aporta su trabajo (del cual el patrono o empleador obtiene una ventaja) recibiendo a cambio una retribución (remuneración).

b. *Intuitu personae*: De forma incuestionable para el trabajador, ya que precisamente el contrato de trabajo se celebra teniendo en cuenta sus condiciones y capacidad profesional. No así ocurre con el patrono o empleador el cual puede ser sustituido sin que por ello se extinga el contrato de trabajo.

c. *Bilateralidad*: Conocido también como carácter *sinalagmático perfecto* dado que desde el momento en que se perfecciona el contrato, se originan obligaciones (de dar, hacer o no hacer) para las partes según el caso.

d. *Consensualidad*: Por oposición a los contratos reales. En virtud de este atributo basta con que ambas partes manifiesten o expresen su consentimiento para que se perfeccione el contrato y por ende se disparen sus efectos obligacionales.

e. *De tracto sucesivo:* Refiriendo por tal a que sus efectos se prolongan en el tiempo y no finalizan con ocasión de su celebración. En ese sentido, Carballo (2001b, p. 69) precisa en una forma mejor acaba dicho atributo al expresar que el contrato de trabajo es de ejecución continua o tracto sucesivo "...pues suele desenvolverse a lo largo del tiempo mediante la ejecución de obligaciones usualmente concatenadas, con lo que su obligación típica resulta de la actividad en contraposición a las obligaciones de resultado, propias de otros contratos de prestación".

f. *Conmutativo:* En virtud del cual las prestaciones pactadas son determinadas y ciertas y no se encuentran sometidas a ninguna eventualidad en lo que respecta a su objeto, por lo que –como dice el profesor Rodríguez (1996)– ambas partes perciben desde el momento mismo de contratar los beneficios y/o pérdidas.

g. *Informalidad:* El contrato de trabajo no es solemne ni formal, esto es, no se exige una forma especial para su realización pudiendo incluso concretarse –como en el caso venezolano– tanto verbalmente como por escrito.

El profesor Rodríguez (1996, p. 111) agrega tres caracteres especiales más al contrato de trabajo, referidos a la cualidad de administración, su carácter nominativo; y su autonomía. El primero de ellos (de administración) "…porque tiene por finalidad hacer producir a los bienes los beneficios que normalmente pueden obtenerse de ellos, sin disminuir o modificar sustancialmente el patrimonio".

En cuanto al carácter nominativo y típico del contrato, con ello se refiere a que generalmente los ordenamientos jurídicos de la mayoría de los países se ocupan de regular este negocio jurídico, dándole no solo una denominación o nombre preciso (contrato de trabajo) sino además una disciplina propia (en cuanto a fuentes, métodos y formas de interpretación).

Finalmente el carácter autónomo, refiere a que cuenta con individualidad propia que "…permiten distinguirlo de otros negocios jurídicos de derecho privado". En ese sentido afirma que:

Han quedado atrás las teorías que pretendían encuadrar este contrato en alguna de las figuras tradicionales del derecho civil (la locación, la compraventa, el mandato, la sociedad) o presentarlo como una combinación de varias de ellas; actualmente se acepta, en general, que el contrato de trabajo es un conjunto especial del derecho del trabajo, que no hay por qué asimilar forzosamente a cualquier otro (p. 111).

Habida cuenta los caracteres anteriormente señalados podría afirmarse que en un contrato de trabajo ambas partes (patrono o empleador y trabajador) han acordado vincularse bajo forma expresamente regulada o tipificada por el ordenamiento jurídico, siendo que desde su perfeccionamiento nacen obligaciones para ambos sujetos –apreciables desde el inicio– las cuales serán ejecutadas o cumplidas en forma periódica o continuada en el tiempo.

Por ende, tanto el patrono o empleador como el trabajador tienen *ab initio* un conjunto de derechos y de obligaciones, pudiendo afirmarse que –salvo las que el primero tiene frente al Estado– las obligaciones o deberes de una de las partes encuentran derechos correlativos en cabeza de la otra. En palabras del Doctor Martín-Marchesini (1979, p. 161) "La relación de trabajo es una relación obligacional y, como tal, en ella se desenvuelven vinculaciones de crédito y débito".

Para el profesor Villasmil (2007a, p. 54) –siguiendo a Supiot– el contrato de trabajo "… viene a ser, en fin, el título jurídico del poder de mando del empleador y del deber de obediencia de quien presta sus servicios por cuenta ajena y bajo la dependencia de otro" pero más que eso, permitió juridificar y limitar ese poder de ordenar y esa obligación de obedecer, reconociendo la manifestación de voluntad de las partes bajo los axiomas del Derecho del Trabajo.

En ese sentido, continúa el profesor Villasmil (2007a, p. 54) afirmando lo siguiente:

> Qué duda cabría, a estas alturas, que la primera razón del Derecho del Trabajo ha sido la de hacer resurgir al trabajador como sujeto, civilizando así el poder del empleador en el ámbito de la empresa, al dotarlo y hacerlo depender de un "marco jurídico de ejercicio". Al introducirse el "principio de legalidad" (y con él, el de la "tipicidad") en el ámbito de la empresa obró, naturalmente, una limitación del poder del empleador y muy especialmente de su poder disciplinario.

En efecto, el Derecho del Trabajo vino a delimitar y enmarcar los poderes patronales dentro de un régimen jurídico que considera al trabajo como un hecho social y que enfrentó en su momento a las corrientes *ius privatistas*. Pero cabe preguntarse cuál es el origen de los poderes de empleador, es decir, de dónde emana la facultad de mando a la que hace mención la doctrina.

Para el profesor Sergio Pinto Martins (2002) en su obra intitulada 'Derecho del Trabajo', son varias las teorías que tratan de justificar el poder de dirección del empleador. La primera de ellas, se basa en que el empleador dirige al empleado, pues es el propietario de la empresa. La segunda, se fundamenta en la subordinación existente entre patrono y trabajador a tenor de lo cual este último se sujeta a las órdenes impartidas por el primero.

A este respecto añade que "Lo opuesto a la subordinación, sería el poder de dirección del empleador, dirigiendo la actividad del empleado. El poder de dirección así como la subordinación, son consecuencia del contrato de trabajo" (Pinto, 2002, p. 190).

Finalmente, una tercera teoría parte que la empresa es una institución, entendiendo por tal "aquello que perdura en el tiempo", de suerte que el poder de dirección sería "consecuencia del rol de empleado de estar insertado en esa institución, debiendo por lo tanto obedecer sus reglas" (p. 190).

En cambio el profesor Jorge Rodríguez Mancini (1996, p. 224) clasifica las corrientes en tres tipos: (i) Institucionalista (según la cual el poder de dirección es necesario dada la responsabilidad y/o riesgo que asume el empleador en cuanto a asegurar la producción y el bien de los miembros de la empresa), (ii) contractualista (que ve el Poder de Dirección como consecuencia lógica de la subordinación presente en el contrato de trabajo); y (iii) tesis intermedia (que suma al carácter de responsable de la comunidad laboral y al origen contractual un factor adicional; a saber: el reconocimiento que hace el Estado por estar interesado en el bien común).

Por su parte Palomeque y Álvarez (2001, p. 703-704) indican que en realidad se trata de un complemento obligado de orden económico que se fundamenta en la libertad de empresa, pues no tendría objeto que sus propietarios no pudieran organizarla. En ese sentido añaden que: "El contrato de trabajo está inmerso en un ámbito donde una de las partes, el empresario, tiene la facultad de organizar el sistema de producción de bienes y servicios que libremente ha decidido instalar" siendo que la capacidad de organización, acaba por concretarse en la ordenación de las "...singulares prestaciones laborales".

En un criterio aparentemente distinto, Joaquín Aparicio y Antonio Baylos (1992, citados Villasmil, 2007a, p. 54-55) afirman que en su entender, no es suficiente la tesis según la cual la posición de desequilibrio de las partes en la relación de trabajo encuentra sus raíces en la propiedad del empresario de los medios de producción, sino que es preciso un instrumento jurídico que habilite dicho poder al empleador.

Y a mayor abundamiento indican lo siguiente:

> De la propiedad sobre las cosas, no se desprende un poder jurídico sobre personas que es justamente el que se da en la relación de trabajo, caracterizada por entablarse entre uno que tiene el poder y otro que no lo tiene. En ese sentido el contrato de trabajo debe verse como el elemento de mediación que sanciona jurídicamente aquella posición de desigualdad (p. 55).

Una primera lectura ligera e inadvertida de la cita antes reproducida, generaría la alucinación de un choque entre lo dicho por Aparicio y Baylos respecto de lo que sostienen los demás autores previamente citados. Sin embargo, basta detenerse en su contenido para advertir que lo que se afirma no es otra cosa que el poder empresarial (y en específico el de dirección) es complemento obligado de orden económico y se fundamenta en la libertad de empresa (entre nosotros derecho de rango constitucional), solo que ello por sí solo no le confiere al empresario su poder de no ser porque le habilita un instrumento jurídico; a saber: La civilización del poder del empleador mediante el contrato de trabajo.

De manera que no es del derecho de propiedad de donde emana el Poder de Dirección sino del contrato de trabajo, pues como bien afirma Rodríguez (1996, p. 224) "...la propiedad sobre cosas no puede justificar por sí sola un poder de mando sobre personas" sino que es menester indagar el fundamento de las facultades jerárquicas del empleador en otros factores.

De esta misma opinión son Palomeque y Álvarez (2001, p. 704) cuando afirman que "...el fundamento del poder para organizar y ordenar las prestaciones de los trabajadores es el propio contrato de trabajo que, sin duda, justifica tanto el poder de dirección y su alcance como sus propios límites", tesis que también comparten Manuel Alonso Olea y Mª Emilia Casas (1999, p. 364) quienes siguiendo a autores como Diéguez, de la Villa y Gierke resumen el planteamiento de la siguiente forma:

> ...la consecuencia es que nos hallamos ante <<un poder *ex lege*, imprescriptible, indisponible e instransferible>> (de la Villa); pero la fuente del poder –la que permite el juego del ordenamiento legal- y de la obligación correlativa están en el contrato [de trabajo], <<tras el cual existen y se desenvuelven>> (Rodríguez-Piñero). Como aprecia Gierke, su extremada posición comunitaria no obstante <<la base jurídica del poder de dirección... [al que "se liga un deber de protección"]... sólo puede estar en el contrato de trabajo>>.

De tal suerte que, esa potestad en cabeza del patrono o empleador que le permite organizar, ordenar o instruir el trabajo desde su inicio y durante la ejecución del contrato de trabajo reciba el nombre de Poder de Dirección, cuya definición se atenderá a continuación, pues como bien lo indicara en el año 1979 el profesor Martín-Marchesini "...son pocos los conceptos jurídicos-laborales que están tan necesitados de un análisis de su naturaleza y esencia como el del poder directivo del empresario" (p. 159-160).

Lupo Hernández Rueda (1997, p. 405) en su artículo intitulado 'El Poder de Dirección' publicado en la obra conjunta de nombre 'Instituciones de Derecho del Trabajo y de la Seguridad Social' indica que el poder de dirección reconocido al empleador comprende la pluralidad de facultades que el régimen jurídico entiende como necesarias para el desarrollo y normal funcionamiento de la empresa, así como también para su organización económica y técnica.

Ello deviene por lo tanto, en los hechos y en el derecho, en la potestad de ordenar, girar instrucciones "...y trazar directivas, en la facultad de legislar en el seno de la empresa, en la facultad de imponer sanciones disciplinarias y en diversas facultades o derechos (de control de ordenar la empresa, de variar las condiciones de trabajo)..." los cuales son reconocidos por el ordenamiento jurídico como imperiosos para que el empresario conduzca su empresa (Hernández, 1997, p. 405).

Con base en lo anterior, Hernández (1997) hace una primera aproximación sobre el Poder de Dirección, la cual es del tenor siguiente:

> Consiste en la facultad del empleador de dar órdenes sobre el modo, tiempo y lugar de prestación del servicio, la facultad de especificar los puestos y atribuciones de éstos, de ordenar la empresa conforme a sus necesidades específicas de orden técnico, funcional, económico y conforme a los requerimientos de la producción (p. 406).

De la definición antes apuntada, destacan los siguientes elementos: (i) facultad como sinónimo de poder; (ii) en cabeza del patrono o empleador; (iii) que le habilita para dar órdenes obre el modo, tiempo y lugar de la prestación del servicio; y (iv) a ordenar los factores productivos en atención a las necesidades precisas. A partir de allí el autor desarrolla un concepto amplio o lato y otro restringido del Poder de Dirección para posteriormente emprender el análisis sobre su delimitación.

Antes de continuar es preciso hacer un paréntesis a los fines de resaltar que no ha sido uniforme en doctrina la aceptación en cuanto al uso de la expresión de 'Poder de Dirección'. Tal es el caso del profesor René Mirolo (1979) quien sobre el particular apunta lo siguiente:

> La expresión de poder de dirección, a nuestro entender, resulta un tanto impropia, por cuanto si bien es cierto que con dicha calificación se pretende significar el alcance que tiene en forma objetiva la función o facultad de dirigir la empresa de una manera amplia y a su arbitrio, no es menos cierto que la expresión mencionada es usada como perteneciente al Estado emanada de sus tres poderes: Ejecutivo, Legislativo, y Judicial. Por ello pensamos que resulta más adecuado calificarla como facultad o función de dirección del empresario, expresiones que se nos ocurre más precisas, porque a la vez son por sí demostrativas que se trata de actos o actitudes que a él le corresponden, son indicativas del importantísimo rol o función que el empresario tienen en la empresa moderna (p. 181).

Quien suscribe no comparte la precisión antes citada, por los motivos que se explican en la segunda sección del presente capítulo. De manera que desde ya se indique que a los efectos del presente trabajo no se distinguirá entre los términos de 'Poder de Dirección' y 'Facultad de Dirección', pues como lo sostiene Martín Marchesini (1979) "...al encuadramiento del poder directivo en las categorías jurídicas próximas de relación laboral y empresa ha de preceder el intento de su encuadramiento en la categoría más amplia del poder que suministra la ciencia general del Derecho" (p. 160).

De vuelta a la definición de 'Poder de Dirección', Lupo Hernández (1997, p. 406) señala que el mismo comprende el elenco de facultades o poderes jerárquicos, manifiestos en las siguientes conductas: dictar reglamentos y normas generales, el establecimiento de controles administrativos, la precisión de medidas relativas a la seguridad, opinión e información; impartir órdenes precisas al personal y, finalmente, la adaptación del trabajo a los cambios técnicos y de organización de la empresa.

Por ello afirma que en un sentido lato el Poder de Dirección comprende "...la facultad de dirigir, dar órdenes e instrucciones, la facultad de reglamentar la prestación del trabajador en la empresa, la facultad de vigilar y fiscalizar y la facultad de sancionar (poder disciplinario) las faltas cometidas por el trabajador" (Hernández, 1997, p. 406).

En posición opuesta a esta definición, el Doctor Martín-Marchesini (1979, p. 161) sostiene que:

Unánimemente se reconoce por la doctrina que el empresario ostenta un triple poder: directivo, reglamentario y disciplinario. El poder directivo se define tradicionalmente como un poder de dar órdenes e instrucciones; el poder reglamentario se configura como un poder de legislar en el seno de la empresa; y el tercero, es decir el disciplinario, como un poder de imponer sanciones laborales. De éstos conceptos se deduce que el poder de dirección, en un primer análisis por vía de exclusión, no es ni un poder de dictar la constitución de la empresa ni un poder de imponer sanciones disciplinarias a los trabajadores, ni, como reverso de éste último, un poder "premial" o de recompensa" (el subrayado es de quien suscribe con el objeto de denotar la diferencia en cuanto al sentido y alcance del Poder de Dirección respecto del autor antes analizado).

En cuanto al sentido restringido de la noción de Poder de Dirección, indica el autor analizado que éste se concreta en la facultad de impartir las instrucciones acordes con las necesidades empresariales, tendientes a garantizar el cumplimiento de sus fines y por ende necesariamente "...la facultad de organizar económica, estructural y técnicamente de la empresa" (Hernández, 1997, p. 406).

Destaca del pensamiento de Hernández (1997), la continua referencia –como elemento justificante– a la *adaptación en virtud de las necesidades empresariales*, lo cual trae reminiscencias del argumento de los profesores Palomeque y Álvarez (2001, p. 704) cuando indicaban que sin el poder contractual de dirección del trabajo "...el empresario no estaría dotado de las facultades precisas para realizar la contraprestación sobre la que tiene un derecho de crédito; necesita poder organizar y concretar mediante instrucciones y órdenes el propio trabajo" (el subrayado es de quien suscribe).

Por su parte, Manuel Alonso Olea y Mª Emilia Casas Baamonde (1999, p. 364) en su obra intitulada 'Derecho del Trabajo' ofrecen un concepto de Poder de Dirección, el cual es del tenor siguiente:

> El poder de dirección es la facultad, que confiere al empresario el contrato de trabajo, de dar órdenes sobre el modo, tiempo y lugar de ejecución del trabajo; el poder de dirección es un poder de ordenación de las prestaciones laborales (Montoya); comprende, asimismo, la facultad de especificar las prestaciones debidas dentro de las posibles conforme a la cualificación profesional del trabajador, según se dijo; lo ejerce el empresario por sí o a través de otras personas; necesariamente a través de otras si el empresario es una persona jurídica, y voluntariamente puede ejercitarlo de esta forma indirecta en cualquier caso, lo que quiere decir que el titular de hecho, por derecho propio o por delegación, del poder de dirección es precisamente el que se calificó de estamento directivo... de la empresa.

Del concepto antes apuntado se desprende en primer término que se trata de una facultad (apuntada así también por Hernández) y que es conferida al empresario por el contrato de trabajo (tal y como lo afirmaran los profesores Palomeque y Álvarez así como también Aparicio y Baylos antes referidos).

Asimismo destaca del concepto de Alonso y Casas que dicho poder implica una ordenación de las prestaciones laborales –elemento que coincide con la definición de Hernández– pero cuya facultad de especificar las prestaciones debidas aparece limitada o circunscrita a la cualificación profesional del trabajador.

En efecto, Alonso y Casas (1999, p. 364) refieren de forma muy precisa a que dicha facultad se ejerce: "...dentro de las posibles conforme a la cualificación profesional del trabajador" elemento que no está presente en la definición de Hernández (1997) quien hace hincapié en que la facultad se ejerce en atención a las necesidades empresariales de orden técnico, funcional y económico (requerimientos de producción) cuestión esta que obliga a atender –como en efecto se hace en el tercer acápite del presente capítulo– si dicho elemento está presente o no en el régimen jurídico laboral venezolano.

En tercer lugar, destaca el elemento de la titularidad del poder de dirección. En ese sentido en la definición de Hernández (1997), aborda la temática haciendo simplemente mención al empleador. Por contra, Alonso. y Casas (1999) refieren al empresario y aclaran que puede ejercer dicho poder en forma directa o a través de otro (*de estamento directivo* de la empresa).

Para Martín-Marchesini (1979, p. 160) el concepto de Poder de Dirección no puede construirse partiendo en forma exclusiva de los principios jurídico-laborales, ya que en su entender la noción de *poder* no procede inmediatamente del Derecho del Trabajo, sino que: "...es una categoría jurídica de valor general cuyo entendimiento fatalmente se sustrae al exclusivo análisis de las ciencias jurídicas particulares".

En ese sentido, inicia su análisis desde lo que entiende por Poder de Dirección en términos jurídicos generales para entonces abordar la perspectiva laboral, afirmando que hablar jurídicamente de 'Poder' implica una noción que unifica las distintas facultades que se encuentran respecto de él en relación de parte a todo. En efecto, sobre este particular, indica que:

> ...las facultades directivas son aspectos integrantes del poder de dirección, que, en consecuencia, no pueden ser confundidas con el poder directivo mismo. Así sucede con las facultades de ordenar traslados, de controlar el trabajo o de decidir cambios de ocupación; ninguna es aisladamente el poder de dirección, sino una faceta de éste (Martín-Marchesini 1979, p. 161).

Bajo esta óptica, se trata de la facultad de dirección en cabeza del empresario para conducir su empresa, por lo que a la sazón de dicha afirmación, el Poder de Dirección "...no es anterior a la constitución de la relación laboral, sino subsiguiente a ella, y como verdadero poder jurídico introduce modificaciones de índole jurídica a dicha relación" (Martín-Marchesini, 1979, p. 160).

Con base en ello y siguiendo la definición del maestro Montoya Melgar que data del año 1965, precisa que, en su opinión, el Poder de Dirección es:

> ...el conjunto de facultades jurídicas que tiene el empleador para organizar económica y técnicamente la empresa, con carácter funcional, atendiendo a los fines de la misma y a las exigencias de la producción, disponiendo dignamente y de acuerdo a derecho de las fuerzas físicas e intelectuales de los trabajadores hacia el cumplimiento de dichos fines bajo la responsabilidad del empresario (Martín-Marchesini, 1979, p. 162).

Dicha definición recalca que el Poder de Dirección se compone de facultades jurídicas que le permiten o habilitan para organizar económica y técnicamente la empresa, siendo que el sujeto activo o titular es el empleador (no obstante que con posterioridad el mismo autor dirá que el titular del poder y del propio derecho de crédito es el empresario, por lo que quien suscribe asume que dicho autor utiliza ambos términos en forma indistinta).

Asimismo, explica en forma más acaba que dichas facultades se disponen tanto en atención a los fines de la empresa (y exigencias de la producción) pero con la limitante o consideración de la dignidad de los trabajadores y en virtud de las fuerzas físicas e intelectuales de éstos. A mayor abundamiento, el mismo autor dirá inmediatamente que las limitantes están orientadas por: (i) Lo que indique la legislación respectiva, (ii) el respeto al trabajador y a la dignidad humana; y (iii) la ubicación de la empresa dentro del concepto económico-social y su concepto integral y funcional.

Habida cuenta las definiciones antes analizadas, corresponde ensayar una propia sobre Poder de Dirección. En virtud de ello, se entiende por tal aquel cuyo titular es el patrono o empleador, que encuentra su fuente en el contrato de trabajo (si bien deviene como complemento obligatorio del factor económico fundamentado en el derecho de libertad de empresa) y que confiere a su titular un elenco de potestades o atribuciones admitidas por el ordenamiento jurídico que están destinadas a la organización de los factores productivos, en virtud de lo cual se halla facultado para impartir órdenes sobre la forma de ejecución del trabajo –y en un sentido estricto de las prestaciones laborales– en atención a los fines de la empresa y su necesidad de producción; teniendo como límites adicionales a la ley, la dignidad del trabajador así como también su capacidad física e intelectual.

2.   *Poder de control y vigilancia patronal: Delimitación de su contenido, alcance y naturaleza jurídica*

Atendida como ha sido la aproximación a la definición del Poder de Dirección, corresponde en el presente acápite abordar el Poder de Control y Vigilancia Patronal delimitando su contenido, alcance y naturaleza jurídica.

Se afirma y con razón, que la consecuencia lógica de la posibilidad patronal de dar órdenes o instrucciones a los trabajadores es, precisamente, el poder verificar y controlar el cumplimiento de las mismas.

De esta opinión es el profesor Rodríguez (1996, p. 225) quien a propósito de la definición del Poder de Dirección señala que el mismo consiste en aquel conjunto de atribuciones en virtud de las cuales el empleador "...dispone del trabajo realizado bajo su dependencia, ordenando las prestaciones laborales de cada uno de los trabajadores y organizando el trabajo en la empresa" precisando luego -como una de esas atribuciones- la posibilidad de verificar y controlar el cumplimiento de sus directivas y, en general, el cumplimiento de parte del trabajador de todas sus obligaciones. En ese mismo sentido Palomeque y Álvarez (2001, 833) indican lo siguiente:

> El empresario no sólo determina el trabajado especificándolo con su poder de dirección en los límites de la movilidad funcional, sino que puede <<adoptar las medidas que estime oportunas de vigilancia y control para verificar el cumplimiento por el trabajador de sus obligaciones y deberes laborales>> (art. 20.3 LET) comprobando que se realiza de acuerdo a lo previsto en sus instrucciones.

Igualmente, María Natalia Oviedo (2005, 65) en su libro intitulado 'Control empresarial sobre los <<e-mails>>de los dependientes' precisa –a propósito de los derechos del empleador en la relación laboral- la existencia de una facultad de control la cual asume como una lógica consecuencia del poder de organización y dirección del empleador, en virtud de la cual "...tiene la facultad de controlar que las órdenes que ha impartido sean ejecutadas debidamente".

Ahora bien, la importancia de este hilo conductor entre Poder de Dirección y vigilancia patronal, radica en que es allí donde se revela el objeto hacia el cual debe circunscribirse la potestad contralora del empleador o patrono, cuestión que contribuye a delimitar su contenido y alcance con arreglo al criterio finalista.

En efecto, Oviedo (2005, p. 65) destaca que la prerrogativa de control del patrono o empleador puede vincularse bien a la gestión del empleado –llamada luego 'control de gestión empresario'– o bien a la persona del trabajador. Así, el control de gestión empresario refiere al elemento objetivo por el cual quien organiza y dirige la empresa puede "…chequear de un modo objetivo y sin que ello tenga vinculación alguna con "la persona" del trabajador, que las gestiones de cada uno de los empleados se lleven a cabo en debido tiempo y forma".

Corolario de la cita anterior, el patrono puede aplicar esa vigilancia y control de la cual es titular con el objeto de corroborar que las prestaciones laborales se ejecutan en la forma pactada, sin tener por ello derecho a irrumpir o vincular, durante dicha verificación, la esfera personal del trabajador, ya que su razón no es otra que garantizar *el óptimo funcionamiento de la empresa.*

En cambio, el control a la persona del trabajador, denota de entrada el aspecto subjetivo y está destinado a la protección de los bienes del empleador, cuya expresión concreta se alcanza en el artículo 70 de la Ley de Contrato de Trabajo vigente en Argentina –contexto normativo en el escribe Oviedo (2005)– según la cual se permite los controles personales del trabajador, destinados a la protección de los bienes del patrono o empleador, colocando como límite la dignidad del trabajador.

En un sentido lato, Rodríguez (1996, p. 225) señala que la verificación del cumplimiento de las directivas patronales, y en general, las obligaciones del trabajador con ocasión de la relación laboral, se materializa en el control de la asistencia, puntualidad e incluso la verificación de los motivos invocados por el trabajador para justificar las ausencias laborales, lo que asimismo comprende el control de producción (en cuanto a la calidad, cantidad de la tarea realizada) y el control de bienes (evitando sustracciones entre otros). Sobre este particular también Martín-Marchesini (1979, p. 169) se pronuncia en el sentido siguiente:

> El alcance de la función de control es amplio, ya que no sólo llega a la vigilancia de las condiciones en que se resta el trabajo y al control del cumplimiento de las obligaciones de los trabajadores, sino que alcanza también a los métodos e instrumentos peculiares de la fiscalización laboral, tales como los libros de asistencia y los relojes de puntualidad.

No obstante lo arriba apuntado Rodríguez (1996, p. 225-226) también afirma que tal verificación patronal excluye "en principio" cualquier injerencia en la conducta privada del trabajador "...así como también cualquier averiguación acerca de sus opiniones políticas, religiosas o sindicales, pues corresponden a un ámbito reservado al empleado", punto con el cual coincide Cabanellas (2001, p. 420) cuando afirma que "El desbordamiento extralaboral no puede tener trascendencia para el trabajador, en libertad para desconocer... las supuestas órdenes que lo afecten en su estricta esfera personal"

Nótese en Rodríguez (1996) la expresa aplicación de la frase 'en principio' lo que viene a significar el reconocimiento del autor en cuanto a que habría determinadas circunstancias (las cuales no precisa) en las que incluso se justificaría que el control patronal opere sobre la conducta privada del trabajador así como también sobre sus opiniones políticas, religiosas o sindicales.

Por su parte, Palomeque y Álvarez (2001, p. 833) refieren al contenido y alcance diciendo que "La realidad de este control está en la esencia misma de la posición contractual de dependencia y alcanza a todas las obligaciones y deberes formales del trabajador; el límite estará en la dignidad y no en la no discriminación" (el subrayado es de quien suscribe).

Habida cuenta lo anterior, conviene entonces adelantar aquí una distinción que será objeto de revisión en otro capítulo del presente trabajo, esto es, la diferencia entre vida privada e intimidad, logrando con ello delimitar adecuadamente el pensamiento de los autores hasta ahora analizados, así como también el lugar que corresponde a la dignidad como derecho fundamental.

En ese sentido, Rebollo Delgado (2005, p. 73) en su obra intitulada 'El Derecho Fundamental a la Intimidad' hace hincapié a la amplitud y carácter genérico del concepto 'vida privada' ya que engloba "...todo aquello que no es, o que no queremos que sea de general conocimiento" por contra a la intimidad que aparece como una suerte de núcleo que el ser humano protege con más celo, toda vez que lo entiende "...como esencial en la configuración de nuestra persona".

La dificultad –señala el autor– deviene de la libertad que cada individuo tiene para precisar qué forma parte de su vida privada y qué de la intimidad, aspectos que se dan en atención a grados, rangos y caracteres diferentes en cada sujeto. Pero ese elemento común (carácter volitivo) hace precisamente que sea al individuo y sólo al a él a quien corresponda establecer "...los límites de intimidad y en menor grado de la vida privada" (Rebollo, 2005, p. 73-74).

En ese contexto, surge la dignidad como límite del control patronal en la prestación de servicios, la cual en criterio de Rodríguez (2004, p. 31-33) hay que entenderla –junto con la igualdad– como elemento precursor de los Derechos Fundamentales, siendo que acabe por definirla de la siguiente forma:

La dignidad resume todos los elementos que componen y caracterizan al hombre: su ser corporal y espiritual, individuo, dotado de inteligencia y voluntad, abierto e inclinado en la comunidad, capaz de cultura y, para los creyentes, llamado al orden sobrenatural, ser religioso que dice relación a Dios.

Con notoria claridad, la sentencia emanada de la Sala de lo Social del Tribunal Superior de Justicia de Madrid en fecha 16 de diciembre de 2003, referida por del Rey y Luque (2005, p. 479) precisó al respecto lo siguiente:

En este sentido, debe tenerse en cuenta el poder de dirección del empresario, imprescindible para la buena marcha de la organización productiva, atribuye al empresario la facultad de adoptar las medidas que estime más oportunas de vigilancia y control para verificar el cumplimiento del trabajador de sus obligaciones laborales. Ahora bien, dicha facultad debe respetar la dignidad del trabajador, es decir, el empresario no puede realizar intromisiones ilegítimas en la intimidad de sus empleados en los centros de trabajo.

De la cita anterior se desprende la existencia de un nexo directo entre intimidad y dignidad del trabajador, toda vez que la intromisión ilegítima en la intimidad de aquel se traduce a su vez en el irrespeto a su dignidad; contexto en el que se explica la apreciación de Palomeque y Álvarez cuando la expresan –a la dignidad– como el límite al control patronal sobre la prestación.

Corolario de lo anterior, puede afirmarse que desde el punto de vista objetivo y atendiendo a un criterio finalista, el control y vigilancia en el ámbito de las relaciones laborales resulta en una forma de expresión del Poder de Dirección cuyo propósito consiste en verificar el cumplimiento por parte del trabajador de las instrucciones emanadas del patrono o empleador, así como en general de aquellas obligaciones que con ocasión del contrato de trabajo deben observarse durante su ejecución.

Asimismo, desde el punto de vista subjetivo, el control y vigilancia en el ámbito de las relaciones laborales se traduce en la potestad del patrono o empleador que en razón del resguardo y/o protección de sus bienes le permite establecer sistemas de control personales sobre sus dependientes.

Ahora bien, ahondado en el alcance del control y vigilancia en el ámbito de las relaciones de trabajo, es menester revisar la definición ofrecida por Carballo (2001a), la cual es del siguiente tenor:

> Por poder de dirección se entiende aquella potestad patronal legítima que deviene de su carácter de empleador en virtud de la cual le está permitido controlar y supervisar –con las limitantes establecidas en el ordenamiento jurídico– la conducta de los trabajadores a su cuenta durante la jornada de trabajo y/o durante el tiempo en que éstos permanezcan en las instalaciones de la empresa.

De la definición antes citada, destacan tres límites al control y vigilancia patronal; a saber: *límite formal* (que viene dado por las restricciones contenidas en el ordenamiento jurídico) *límite temporal* (en atención al tiempo o duración de la jornada de trabajo); y *límite espacial* (destacado en que no sólo importa el tiempo que dure la jornada de trabajo, sino el hecho por el cual el trabajador permanezca en las instalaciones de la empresa fuera de su jornada laboral).

Ello conlleva al planteamiento relativo a la facultad de control y vigilancia patronal en prestaciones de servicios propias del trabajo moderno, donde no necesariamente se exige la presencia física constante del trabajador en la sede de la empresa (*V.,* El trabajo a domicilio o incluso el teletrabajo).

Para Martín-Marchesini (1979, p. 168) existen situaciones donde dicho control no puede ejercerse, las cuales refleja de la forma siguiente:

> El aspecto controlador puede faltar en determinadas ocasiones; del contenido del poder de dirección, y de hecho existen determinadas relaciones laborales que se caracterizan por la ausencia de control sobre el trabajador y su trabajo, como ocurre, por ejemplo, con el contrato de trabajo a domicilio en el que el poder de dirección se presenta bajo un aspecto anormal en cuanto le han sido sustraídas sus facultades controladoras.

Quien suscribe considera ajustado interpretar tal cita entendiendo que si bien en los casos referidos por el autor el control o vigilancia no se presenta en la forma típica dado que el trabajo se ejecuta en lugar distinto de la empresa (lugar donde se espera el resultado del mismo) ello no es óbice para concluir que no existe, sino que en todo caso el control o vigilancia sobre quien presta servicios por cuenta ajena y bajo dependencia de otro no ostenta un carácter permanente.

En ese sentido, quien suscribe sigue el pensamiento de Carballo (2001b, p. 101-102) quien indica –a propósito de la noción de teletrabajo– lo siguiente:

> A diferencia del clásico trabajo a domicilio –regulado en los artículos 291 al 301 LOT– el trabajo no sólo supone la prestación de servicios a distancia, esto es, en local distinto del propio empleador y, por ende sin posibilidad efectiva de control permanente de éste sobre el trabajador. Más bien, el teletrabajo se caracteriza por brindar al empleador la posibilidad de un control efectivo y permanente a distancia (trabajo a control remoto) integrándose así –en potencia- una verdadera empresa virtual. La telemática y las telecomunicaciones aplicadas a la prestación personal de servicios permiten, entonces, que el poder de dirección del empleador se ejerza nítidamente sin que para ello fueren obstáculos relevantes las coordenadas de tiempo y espacio-.

El desarrollo de la sociedad ha dado lugar a múltiples formas de prestación de servicios, muchas de las cuales se hayan amparadas por el Derecho del Trabajo, dando cuenta de la manifestación del control y vigilancia patronal aún a distancia (V., el trabajo de los vendedores o impulsadores de productos por solo citar uno de los tantos ejemplos) o incluso en el lugar de trabajo donde las herramientas tecnológicas confieren al empleador nuevos instrumentos

Ahora bien, incluso el ordenamiento jurídico ha fijado ya no como derecho patronal sino como obligación esa función de control. Tal sería el supuesto contenido en la Ley Orgánica de Prevención, Condiciones y Medio Ambiente del Trabajo por virtud de la cual el patrono se comporta como vigilante del estado de salud del trabajador pero sin irrumpir en el derecho a la intimidad de éste, pues como bien lo afirma Blasco (1999, p. 255) la verdadera materialización de este deber "...depende de las circunstancias que rodeen el puesto de trabajo, por lo que se trata de una obligación cuyo contenido es diferente en cada puesto de trabajo concreto".

La afirmación anterior no sólo coloca una interrogante en la naturaleza jurídica tradicionalmente asignada a la función contralora del patrono o empleador, sino que además se extrapola a su raíz –Poder de Dirección– donde la cuestión gira en torno a si puede llegar o no a ser un deber patronal el impartir las instrucciones sobre el modo en cómo debe ejecutarse el trabajo, así como también si existe o no la obligación de sancionar determinadas conductas del trabajador verificadas como contrarias a sus deberes.

Para quien suscribe, tanto en lo formal como en lo material la respuesta es negativa, es decir, no existe en el fondo una doble cara (derecho-deber) ni en la función contralora patronal ni en las demás expresiones del Poder de Dirección.

En efecto, desde la perspectiva formal, la función de control y vigilancia vista como un deber patronal constituye un supuesto excepcional que ha sido establecido expresamente en normas de orden público. Por ende, son de observancia obligatoria para el patrono, quien no podrá relajar su cumplimiento aún con el concierto de voluntades de sus trabajadores. Ello sin embargo no produce la mutación de la naturaleza jurídica de la función controlara (argumento válido también para las demás expresiones del Poder de Dirección), sino que más bien la afianza.

Piénsese por ejemplo en la desafectación del carácter salarial de un beneficio dado por el patrono a sus trabajadores, el cual, no obstante que reúne todos los atributos para ostentar tal naturaleza (periodicidad, libre disponibilidad, con ocasión del trabajo, de ingreso efectivo en el patrimonio del trabajador, con intención remunerativa) es calificado por el legislador como un 'beneficio social de carácter no remunerativo'. Tal circunstancia no altera en lo absoluto la naturaleza jurídica del salario sino que por el contrario la confirma, toda vez que al establecerse situaciones excepcionales, intrínsecamente se reconoce cuáles son los atributos que definen lo que es salario.

Desde la perspectiva material la conclusión es idéntica: No existe en el fondo una doble cara (derecho-deber) ni en la función contralora patronal ni en las demás expresiones del Poder de Dirección.

A los fines explicativos se parte del ejemplo aportado *ab initio* relativo a la obligación patronal de vigilar el estado de salud del trabajador, por haber sido tal mención lo que ha originado la reflexión que nos ocupa.

Nadie duda que la salud sea el bien jurídico tutelado en la Ley Orgánica de Prevención, Condiciones y Medio Ambiente de Trabajo, desde luego, circunscrita al ámbito de las relaciones laborales donde existen riesgos de ocurrencia tanto de accidentes de trabajo como del desarrollo de enfermedades ocupacionales derivadas de acciones inseguras (en el sentido lato de la expresión) o de condiciones inseguras.

De tal manera que el trabajador se encontrará expuesto a un accidente de trabajo o una enfermedad ocupacional aún a pesar de las previsiones tomadas el patrono o empleador en el cumplimiento de su deber de *adoptar las medidas necesarias* con el objeto de reducir los riesgos y/o probabilidad de ocurrencia.

En ese escenario, la Ley Orgánica de Prevención, Condiciones y Medio Ambiente de Trabajo precisa un conjunto de derechos y deberes tanto para el patrono o empleador como para trabajador; siendo que –como se afirmó al comienzo del presente capítulo– *las obligaciones o deberes de una de las partes encuentran derechos correlativos en cabeza de la otra.*

De suerte que lo que es un derecho para el trabajador –en este caso el derecho a la salud– constituye un deber patronal. Y es en el cumplimiento de ese deber, que el patrono despliega un elenco de acciones entre la que se encuentra precisamente la vigilancia del estado de salud de sus trabajadores.

Corolario de lo anterior, la concreción del deber de velar por la salud de los trabajadores es la *ratio juris* de la vigilancia patronal a que alude la Ley Orgánica de Prevención, Condiciones y Medio Ambiente de Trabajo, hecho este que también echa por tierra (desde el punto de vista material) la ahora efímera afirmación según la cual el Poder de Control y Vigilancia podría tener 'otra cara' o que 'constituiría al mismo tiempo un deber'.

En otras palabras, si bien es cierto existe una actividad de vigilancia desplegada por el patrono o empleador –la cual es de carácter obligatoria- ésta no es expresión del Poder de Dirección sino la forma de concreta de su deber de velar por el estado de salud de sus trabajadores (bien jurídico tutelado por dicha ley).

Lo que si resulta indudable es que el control y vigilancia ejercido por el patrono como expresión del Poder de Dirección colinda (tanto en el plano objetivo como subjetivo) con los derechos fundamentales de los trabajadores (muy especialmente con el derecho a la intimidad) y que encuentra en su ejercicio límites formales, temporales y espaciales.

Habida cuenta lo anterior, corresponde atender a la naturaleza jurídica del control y vigilancia patronal, cuestión que a su vez amerita examinar con carácter prelativo si se trata de un poder, atribución, función, facultad, potestad, o prerrogativa. Para tal propósito, nos valemos de diccionarios especializados en el manejo de vocabulario o terminología jurídica, así como también de las posturas asumidas por doctrinarios que refieren al tema.

En primer lugar, debe resolverse el planteamiento relativo a si es posible o no afirmar que de un Poder (en el caso en examen: Poder de Dirección) se desprendan a su vez otros poderes. A este tenor, baste referirnos a un ejemplo tomado de Derecho Público; a saber: Poder del Estado. Por tal se entiende aquel conjunto de competencias jurídicas en cabeza del Estado (imperio del Estado) en atención a las cuales ordena las relaciones sociales dentro de un espacio determinado, ejerciendo en él su función rectora y coactiva.

En este sentido, según la postura desarrollada por el barón Charles Louis de Secondat de Montesquieu, en su obra intitulada 'El Espíritu de las Leyes', el poder del Estado encuentra en la postura clásica tres expresiones; a saber: (i) Poder Ejecutivo, (ii) poder Legislativo; y (iii) poder Judicial (tesis también expuesta aunque con matices distintos en el propio siglo XVIII por John Locke, Alexander Hamilton y Jean-Jacques Rousseau).

Por lo tanto, en entender de quien suscribe sí es posible –al menos desde la óptica doctrinaria– aseverar que de un poder se desprendan a su vez varios poderes; o mejor, que un poder se materialice o concrete en varios poderes, aspecto que avala Cornu (1995, 663) cuando indica a propósito de la noción de *Poder Público,* que por tal se entiende el "Conjunto de los poderes del Estado…".

Lo anterior habilita la afirmación según la cual el control y vigilancia patronal es un poder que se desprende del Poder de Dirección. Ahora bien, qué significa que el control y vigilancia patronal sea un poder. Para aproximar una respuesta es preciso definir antes lo que se entiende por 'poder' y por tanto reconocer –*ab initio*– los múltiples sentidos que tiene en Derecho dicho término.

A tales fines, se trae a colación dos acepciones generales contenidas en diccionarios especializados. La primera de ellas, apuntada por el profesor Ossorio (1989, p. 583) según la cual 'poder' refiere a la "facultad para hacer o abstenerse o mandar algo". La segunda corresponde a Cornu (1995, p. 662) quien en su carácter de Director de la obra intitulada 'Vocabulario Jurídico' refiere –en sentido general- al término de 'poder' como una "...prerrogativa jurídica (poder de derecho, fundado en el derecho)".

Por ende existen diferencias en la propia definición de la voz 'poder', toda vez que el primer autor referido lo califica de *facultad* en tanto que el segundo lo considera una *prerrogativa*. Esta diferencia explicaría por ejemplo que autores como el Doctor Martín-Marchesini (1979) y María Natalia Oviedo (2005) califiquen el control y vigilancia del patrono como una facultad.

Ahora bien, para Cornu (1995, 386), la voz 'facultad' tiene varios sentidos que van desde considerarlo en ocasiones como sinónimo de poder, hasta en una óptica precisa como un "...derecho no susceptible de extinción por prescripción, ya que por el hecho de consistir en el ejercicio de una libertad fundamental o del derecho de propiedad, el título sobre el cual se apoya está renovándose constantemente". Dicho autor también refiere a *facultad* (en sentido genérico) como sinónimo de libertad que "...incluye el derecho de actuar o no actuar".

En cuanto a la acepción de *prerrogativa*, Osorio (1989, p. 601) la refiere simplemente como *un privilegio o facultad singular*, en tanto que Cornu (1995, p. 676) identifica varias acepciones entre las que merece destacarse las siguientes: (i) *Genérica:* por la cual se trata de una competencia o derecho atribuido a una persona u órgano en razón de su función y que implica cierto grado de superioridad; (ii) *como atribución* de un derecho a cada uno de los poderes exclusivos que pertenecen al titular y cuyo conjunto corresponde al contenido de dicho derecho; y (iii) *acepción neutra* por la cual abarca "...todo derecho subjetivo, todo poder jurídico, toda facultad de obrar fundada en el derecho, con exclusión de una denominación de puro hecho".

De las anteriores citas se desprende la equivalencia, si bien no siempre exacta, entre poder, facultad, atribución y prerrogativa; ya que cada término se explica utilizando uno o varios de los otros restantes. Y lo propio habría que decir respecto de la voz *función* y *potestad*.

En efecto, en el caso de 'función' –bajo la acepción de derecho privado– Cornu (1995, p. 409) la definirá como "Conjunto de poderes y deberes que corresponden en calidad de tal, al órgano de una agrupación (sociedad sindicato)" en tanto que cuando el mismo autor refiere a potestad lo hace como sinónimo de poder y prerrogativa, debiendo salvaguardar quien suscribe algunas diferencias importantes que pudiera tener la voz potestad para disciplinas particulares del Derecho como por ejemplo la rama del Derecho Administrativo.

Por lo tanto, ese esfuerzo de precisión terminológica –en apariencia anodino– revela en el fondo que el control y vigilancia del patrono se compone de un poco de cada una de las voces sometidas a análisis, por lo que en el presente estudio se les tendrá como términos equivalentes.

La conclusión anterior, permite entonces enfocar el periscopio hacia la naturaleza jurídica del poder de control y vigilancia patronal. En ese sentido, cabe iniciar por destacar que se trata de un derecho subjetivo, esto es, como refiere el maestro Olaso (1998, p. 24) aquel que se concede "... a una persona (individual o colectiva) por el Derecho Objetivo, de hacer, poseer o exigir algo".

Ahora bien, todo derecho subjetivo muestra correlación respecto de un derecho objetivo entendido este último como el "Conjunto de normas imperativo-atributivas que rigen la conducta humana en la vida social" (Olaso, 1998, p. 24). En razón de ello, cabe preguntarse bajo el enfoque positivista, dónde se encuentra el contenido normativo que por correlación perfecta confiere al patrono el poder o facultad de control y vigilancia.

Si bien es cierto tal cuestión corresponde propiamente al acápite siguiente, a los fines de allanar el tema relativo a la naturaleza jurídica del poder de control y vigilancia del patrono, conviene recordar lo apuntado al principio del presente capítulo a propósito del fundamento del Poder de Dirección patronal, muy especialmente al pensamiento de los profesores Palomeque y Álvarez (2001, p. 703-704), así como también de Rodríguez (1996, p. 224).

En efecto, no cabe duda que el derecho de propiedad, así como también el de libertad de empresa (éste último en forma más aproximada) reviste de legitimidad al patrono para que en su condición de dueño de los medios reordene los factores productivos, conservando incluso la capacidad de inspección de los medios por él dispuestos para la consecución de su objeto social. Es algo natural (el beneficio económico y aumento de la productividad) pero tal y como fue explicado con detenimiento al inicio del capítulo, *de la propiedad de las cosas no se desprende un poder jurídico sobre las personas*, por lo que dichos derechos en sí mismos no son suficientes.

Por ende, la habilitación viene dada en principio por un factor adicional. En ese sentido Rodríguez (1996, p. 224) identificaba tres corrientes que intentan dar fundamento a la posesión patronal de los referidos poderes; a saber: (i) La corriente institucionalista, (ii) corriente contractualista; y (iii) la teoría intermedia.

Si bien es cierto estas corrientes fueron referidas al inicio del presente capítulo, es menester recalcar que la última teoría plantea que con ocasión de la Revolución Industrial el poder empresarial era una autoridad de hecho, no reconocida y por tanto no controlada por el Estado. Por ello, al intervenir vía legislativa, se reconoce el poder de mando patronal –como poder jurídico- y simultáneamente se establecen sus limitaciones.

En el fondo, el control y vigilancia patronal se traduce en la revisión de elementos tales como el tiempo no productivo durante la jornada de trabajo, la depreciación por el uso de instrumentos de trabajo y su posible desvío en cuanto a finalidad y/o provecho, el cabal cumplimiento de las instrucciones impartidas en cuanto al modo de ejecución de la prestación de servicios, así como también de cualesquiera otros factores con incidencia en el incremento del costo del producto final de los bienes y servicios, que restan competitividad y hacen necesario por tanto un control de los perjuicios generados al patrono o empleador.

Por ello, como bien indica Rodríguez (1996, p. 225) "... la supremacía que tiene el empleador es meramente funcional, vale decir que debe ser ejercida atendiendo a las necesidades de la empresa (en función de ellas) y con exclusión de toda arbitrariedad".

Corolario de lo anterior es que a los efectos del presente trabajo se entiende por Poder de control y vigilancia aquel derecho subjetivo en cabeza del patrono compuesto por un elenco de facultades, atribuciones, potestades o prerrogativas, que son ejercidas por su titular con el propósito de verificar el cumplimiento de los trabajadores en cuanto a las instrucciones impartidas, así como en general de aquellas obligaciones que con ocasión del contrato de trabajo deben observarse durante su ejecución; que comporta limitaciones de orden espacial, temporal y de contenido (muy especialmente el derecho a la dignidad e intimidad del trabajador); cuyo origen no se explica en modo suficiente con arreglo al derecho de propiedad y/o libertad de empresa, sino que requiere tomar en cuenta el carácter responsable de la comunidad laboral, el contrato de trabajo y el reconocimiento del Estado en virtud de su interés por el bien común.

3. *Regulación del poder de control y vigilancia patronal en Venezuela*

En el acápite anterior, se concluyó que poder de control y vigilancia patronal era un derecho subjetivo. El maestro Olaso (1998, p. 24) señala que entre derecho objetivo y subjetivo existe una correlación perfecta, indicando lo siguiente:

El Derecho subjetivo es una función del Objetivo; este es la norma que permite o prohíbe; aquel es el permiso derivado de la norma. El Derecho subjetivo no se concibe fuera del Objetivo, pues el poder o facultad de hacer, poseer o exigir algo, supone lógicamente la existencia de la norma que autoriza dicha conducta.

En atención a ello, en el presente aparte se analizan las normas laborales venezolanas vigentes que refieren en forma directa o indirecta al poder de control y vigilancia patronal. En ese sentido, se parte de dos derechos constitucionales ya mencionados en el presente capítulo y que parcialmente constituyen el pilar o sustento de dicho poder; a saber: (i) El derecho a la libertad económica; y (ii) el derecho a la propiedad.

A.   *Disposiciones constitucionales*

En cuanto a la libertad económica, la Constitución de la República Bolivariana de Venezuela vigente, publica en Gaceta Oficial N° 5452 Extraordinario de en fecha veinticuatro (24) de marzo de 2000, enmendada por primera vez según *Gaceta Oficial* N° 5.908 Extraordinario de fecha quince (15) de febrero de 2009 (CRBV) contiene dicho derecho en su artículo 112, en virtud del cual todas las personas pueden dedicarse a la actividad económica que estimen conveniente con las limitantes contenidas tanto en el texto constitucional como las que establezcan las leyes.

Dichas limitantes obedecen en todo caso a "razones de desarrollo humano, seguridad, sanidad, protección del ambiente u otras de interés social."

En ese sentido, la Sala Constitucional del Tribunal Supremo de Justicia, en sentencia N° 2641 de fecha primero (1°) de octubre de 2003 con ponencia del Magistrado Pedro Rondón (caso *Inversiones Parkimundo, C.A.*)

La libertad económica es manifestación específica de la libertad general del ciudadano, la cual se proyecta sobre su vertiente económica. De allí que, fuera de las limitaciones expresas que estén establecidas en la Ley, los particulares podrán libremente entrar, permanecer y salir del mercado de su preferencia, lo cual supone, también, el derecho a la explotación, según su autonomía privada, de la actividad que han emprendido. Ahora bien, en relación con la expresa que contiene el artículo 112 de la Constitución, los Poderes Públicos están habilitados para la regulación –mediante Ley– del ejercicio de la libertad económica, con la finalidad del logro de algunos de los objetivos de "interés social" que menciona el propio artículo. De esa manera, el reconocimiento de la libertad económica debe conciliarse con otras normas fundamentales que justifican la intervención del Estado en la economía, por cuanto la Constitución venezolana reconoce un sistema de economía social de mercado.

El criterio antes reproducido, ratificado posteriormente en la decisión N° 1107 de la Sala Constitucional del Tribunal Supremo de Justicia de fecha veintitrés (23) de junio de 2006 con ponencia del Magistrado Luis Velásquez (caso *Bayer, S.A. y otros*) en acción de nulidad por razones de inconstitucionalidad interpuesta contra los artículos 51 y 66 de la Ley de Medicamentos, publicada en la *Gaceta Oficial de la República Bolivariana de Venezuela* No. 37.006 del 3 de agosto de 2000) evidencia el expreso reconocimiento en cuanto a considerar la libertad económica como expresión o concreción de la libertad general, lo cual revela su naturaleza jurídica reconocida en múltiples tratados y pactos internacionales relativos a derechos humanos y fundamentales.

En efecto, referir a la voz 'libertad' aduce –*prima facie*- a la elección o toma de decisiones que un sujeto ejecuta en forma relativamente independiente de factores externos; y en ese sentido un derecho natural inherente al ser humano por su simple condición de tal. Este derecho ha sido reconocido como un derecho humano en diversos tratados y pactos internacionales; a saber:

I. La Convención Americana de Derechos Humanos suscrita en la Conferencia especializada interamericana sobre Derechos Humanos (Pacto de San José) entre el siete (7) y veintidós (22) de noviembre de 1969 que en su artículo 7 reconoce el derecho a la libertad personal;

II. El Pacto Internacional de Derechos Civiles y Políticos adoptado el dieciséis (16) de diciembre de 1966 y vigente desde el veintitrés (23) de marzo de 1976 que refiere al derecho humano a la libertad y muchas de sus expresiones y;

III. El Pacto de Internacional de los Derechos Económicos, Sociales y Culturales adoptado el dieciséis (16) de diciembre de 1966 y vigente desde el tres (3) de enero de 1976.

Pero antecede cronológicamente a los instrumentos antes mencionados, el artículo 3° de la Declaración Universal de los Derecho Humanos de fecha diez (10) de diciembre de 1948, el cual precisa que: "Todo individuo tiene derecho a la vida, a la libertad y a la seguridad de su persona" (subrayado de quien suscribe) de allí que se afirme que el Estado debe no sólo reconocer la libertad y sus expresiones aún de índole económica, sino promoverla y garantizarla siempre en atención –claro está– a los límites establecidos por la Constitución y las leyes de manera que ello no implique la negación del propio derecho.

En efecto, la Sala Constitucional del Tribunal Supremo de Justicia, en sentencia No. 1798 de fecha diecinueve (19) de julio de 2005, con ponencia del Magistrado Arcadio Delgado (en el caso *Festejos Mar, C.A.* en acción de nulidad por razones de inconstitucionalidad contra las normas contenidas en los artículos 9, 17, 20, 84 cardinal 4, 91, 105 y 106 de la Ordenanza número 004-02 de la Reforma Parcial de la Ordenanza sobre Actividades Económicas del Municipio Chacao del Estado Miranda, publicada en la *Gaceta Municipal de Chacao* N° 4785 Extraordinario, del 31 de octubre de 2003) señaló que si bien es cierto los Poderes Públicos pueden desarrollar aspectos relacionados con las libertades públicas contenidas en la Constitución, no pueden afectar el núcleo del derecho constitucionalizado, o limitarlo en forma tal que afecte el contenido esencial a tal punto que implique su negación.

En ese sentido, Rondón (2000, p. 241) precisa lo siguiente:

Si se analiza el artículo transcrito [refiriéndose al 112 constitucional] se pueden identificar en su texto los siguientes principios ...2° Las limitaciones a la libertad económica, bien por que las establezca la Constitución, o bien porque la establezcan las leyes, pero solo por las siguientes razones: las que derivan del desarrollo humano, la seguridad, de la sanidad, de la protección del ambiente y del interés social [y luego añade]... Todas esas garantías se encuentran sometidas a la facultad del

Estado de limitarlos a través de las medidas destinadas a "planificar, racionalizar y regular la economía e impulsar el desarrollo integral del país" (los corchetes son de quien suscribe).

En idéntico sentido, la Sala Constitucional del Tribunal Supremo de Justicia en la decisión número 462 de fecha seis (6) de abril de 2001 con ponencia del Magistrado José Delgado (caso *Manuel Quevedo Fernández en Recurso de Apelación*) precisando el contenido esencial de la libertad económica indicó que la misma comprende la "...dedicación por los particulares a una actividad cualquiera y en las condiciones más favorables a sus personales intereses" siendo que el fin constituye una suerte de garantía institucional por al cual los poderes constituidos tienen el deber de abstención en cuanto al establecimiento de normativa que lo priven; y luego añade: "... su mínimo constitucional viene referido al ejercicio de aquella actividad de su preferencia en las condiciones o bajo las exigencias que el propio ordenamiento jurídico tenga establecidas".

En cuanto al contenido o sustrato de la libertad económica, la misma se refiere –como se ha afirmado anteriormente– al derecho de las personas de poder dedicarse a la actividad económica de su preferencia; que en la decisión del Tribunal Supremo de Justicia antes citada se concreta en la posibilidad de los particulares de "...entrar, permanecer y salir del mercado de su preferencia, lo cual supone, también, el derecho a la explotación, según su autonomía privada, de la actividad que han emprendido" (subrayado de quien suscribe).

La anterior cita, revela un elemento notable no solo enlazado al derecho a la propiedad (al cual se hará referencia de seguidas) sino inherente a esa libertad económica; a saber: la autonomía privada, esto es, a la posibilidad de propia determinación de los particulares en forma suficiente e independiente sin más restricciones que las establecidas en el ordenamiento jurídico.

Siendo ello así, es posible afirmar en el marco de dicho derecho de rango constitucional, por ajuste de las ideas anteriores al ámbito de las relaciones laborales, que el patrono conserva para sí ese poder de impartir instrucciones sobre el modo en que deben prestarse los servicios, controlar y vigilar el cumplimiento de dichas instrucciones; y sancionar en los supuestos de inobservancia y dentro de los límites establecidos en la Ley.

Por ello es que afirman Palomeque y Álvarez (2001, p. 703-704) que el poder de dirección empresarial es en el fondo un complemento obligado del orden económico que encuentra su fundamento en la libertad de empresa, pues es al empresario a quien corresponde organizar el sistema de producción de bienes y servicios en forma libre y autónoma, lo cual encontrará concreción –en entender de quien suscribe– en la ordenación de las relaciones laborales (tal y como ha sido ratificado en reiteradas oportunidades en el presente trabajo) mediante el carácter responsable de la comunidad laboral, el contrato de trabajo y el reconocimiento del Estado en virtud de su interés por el bien común.

Ahora bien, se ha afirmado anteriormente que esa *autonomía privada* constituye el enlace o puente entre la libertad económica y el derecho de propiedad contenido en el artículo 115 de la CRBV. En efecto, el derecho de propiedad comprende el uso, goce y disposición de una cosa en forma exclusiva y absoluta salvo las restricciones contenidas en la Ley, por lo que será en dichos predios donde el patrono encuentre legitimación para diseñar el esquema del proceso productivo, precisar la forma idónea de utilización de los instrumentos o medios de producción, establecer la organización, distribución y hacer uso adecuado de las cosas objeto de su propiedad con arreglo a la obtención del objeto económico perseguido.

En este punto es menester aclarar dos cosas. La primera de ellas relativa a que desde la perspectiva del Derecho Civil, el 'uso' consiste en "...aplicar directamente la cosa para la satisfacción de las necesidades del titular; por actuación de las ventajas que es susceptible de proporcionar, sin tomar los frutos ni realizar una utilización que comporte su destrucción inmediata" (Kummerow, 1997, p. 175). La segunda, es que en el contexto del presente libro debemos entender por 'cosa' al elenco de factores productivos distintos a la persona del trabajador.

Justamente es en la concepción anterior donde cobra sentido lo ya afirmado en cuanto a que del derecho a la propiedad no puede desprenderse ningún poder jurídico sobre las personas y razón por la cual quien suscribe también es de la opinión que el trabajador no es meramente un factor productivo.

Desde luego que no es por lo anterior que comúnmente se afirma que el derecho de propiedad no tiene un carácter absoluto, aunque hay que reconocer que las argumentaciones ofrecidas por la doctrina local y extranjera han sido de lo más variopintas.

En el caso venezolano por ejemplo, cuando la decisión N° 462 de la Sala Constitucional del Tribunal Supremo de Justicia referida *ut supra* precisó que la Constitución reconocía el derecho de propiedad privada afirmando que éste se configuraba y protegía como un haz de facultades individuales sobre las cosas, estableció al mismo tiempo una suerte de 'deberes' correlativos referidos a la atención de los valores o intereses de la colectividad, lo cual terminó siendo aclarado por dicha Sala en un fallo posterior.

En efecto, fue en la decisión N° 403 de la Sala Constitucional del Tribunal Supremo de Justicia de fecha veinticuatro (24) de febrero de 2006, donde con ponencia de la Magistrado Luisa Morales (caso *Municipio Baruta del Estado Miranda en Recurso de Revisión*) se afirmó que no era posible hacer la precisión del contenido esencial del derecho a la propiedad exclusivamente desde la perspectiva de los derechos o intereses individuales, sino que debía incluirse igualmente "… la necesaria referencia a la función social, entendida no como mero límite externo a su definición o a su ejercicio, sino como parte integrante del derecho mismo" infiriéndose por tanto el carácter cada vez más relativo de dicho derecho constitucional.

Más allá de las diferencias que quien suscribe pueda tener o no con los criterios antes reproducidos, lo que sí resulta inobjetable es que nada de lo antes dicho sobre el derecho a la propiedad tendría sentido para el patrono, de no contar éste con el derecho de impartir a sus trabajadores instrucciones en cuanto al modo o forma idónea de ejecución de esa prestación personal de servicios con la expectativa legítima de cumplimiento.

Y precisamente es ese último elemento el que no puede explicarse a través del derecho de propiedad, sino vía autonomía privada como materialización de la libertad económica que encierra (validada por el carácter responsable de la comunidad laboral, el contrato de trabajo y el reconocimiento de la intervención del Estado en con arreglo a su interés por el bien común) la legitimación constitucional del poder de dirección del patrono y por tanto también del poder de control y vigilancia objeto del presente libro.

De allí que el profesor Alfonzo-Guzmán (2005, p. 87) afirme en el ensayo relativo a la ajenidad y dependencia publicado en su obra intitulada *Otras caras del prisma laboral* que:

> Toda la construcción doctrinal y legal en Venezuela sobre el contrato de trabajo se basa en la noción, recogida en el artículo 49 LOT, de que el patrono o empleador explota *animus domini* la empresa, establecimiento, o faena que tiene a su cargo; es decir *en nombre y por cuenta propia*, para su propio provecho, con el concurso de los elementos materiales y humanos de que dispone *en su condición de dueño de la unidad productiva*.

B.   *Disposiciones de rango legal y sublegal*

Habida cuenta el examen de los preceptos constitucionales relativos a la libertad económica y propiedad, corresponde a continuación analizar las normas laborales venezolanas vigentes (de rango legal y sub-legal) a los fines de identificar (en forma directa o indirecta) el derecho subjetivo patronal relativo al control y vigilancia.

A tales fines, se parte de la máxima según la cual los deberes de los trabajadores (bien establecidos por vía legal o convencional) tienen como correlativo derechos patronales (en cuanto a su fijación, control y vigilancia; y sanción en caso de incumplimiento).

Tal vez la primera observación que debe hacerse al respecto es la notoria carencia regulación directa sobre la materia en el sistema venezolano. Sin embargo, una segunda mirada más detenida permite identificar algunas normas aisladas sobre el tema.

La Ley Orgánica del Trabajo, los Trabajadores y las Trabajadoras publicada en la *Gaceta Oficial* No. 6.076 (Extraordinario) de fecha siete (7) de mayo de 2012 (LOTTT) precisa en su artículo 35 la definición de trabajador dependiente, entendiéndose por tal a "...toda persona natural que preste servicios personales en el proceso social de trabajo bajo la dependencia de otra persona natural o jurídica" siendo dicha labor remunerada.

Dicha definición revela los caracteres clásicos de una relación laboral; a saber: (i) prestación personal de servicios -este aspecto coadyuvado en lectura conjunta con los artículos 53 y 55 de la LOTTT–, (ii) subordinación o dependencia; y (iv) remuneración. Resalta que dicha definición, suprime el elemento de la *ajenidad* que estaba presente en la definición de trabajadores contenida en el artículo 39 de la Ley Orgánica del Trabajo derogada publicada en *Gaceta Oficial* No. 5152 Extraordinario de fecha diecinueve (19) de junio de 1997 (LOT).

Sin ánimo de entrar al análisis de cada uno de los aspectos antes enunciados –pues ello supera el objeto del presente libro- conviene resaltar la existencia de la subordinación o dependencia, también contenida en el artículo 55 de la LOTTT a propósito de la definición del contrato de trabajo, cuando se indica que por éste se entiende aquel "...mediante el cual una persona se obliga a prestar servicios en el proceso social del trabajo bajo dependencia, a cambio de un salario justo, equitativo y conforme a las disposiciones de la Constitución...". Dicho aspecto es de importancia, ya que como bien indica el profesor Alfonzo-Guzmán (2005, p. 106):

> ...la *dependencia o subordinación* se manifiesta en el empleado u obrero como una *abstención continuada* de todo cuanto contraríe la conducta que, según el contrato, el uso o la ley, de él espera su empleador... la dependencia o subordinación se identifica con la obligación de trabajar *en fase de ejecución*, <u>ya que es entonces cuando se manifiestan los actos materiales o reales, u operaciones jurídicas de ambas partes –y, en particular, los de dirección y control del trabajo del empleador– que concretan sus respectivas declaraciones de voluntad</u> (el subrayado es de quien suscribe).

En efecto, es de la propia esencia del contrato de trabajo (en virtud de la existencia de una actividad subordinada) que puede explicarse el poder de dirección patronal y por tanto el poder de control y vigilancia. Sobre el particular, la Sala de Casación Social del Tribunal Supremo de Justicia en decisión No. 489 de fecha trece (13) de agosto de 2002 con ponencia del Magistrado Omar Mora (caso *Mireya Beatriz Orta contra FENAPRODO*) precisó que:

> La acepción clásica de la subordinación o dependencia se relaciona, con el sometimiento del trabajador a la potestad jurídica del patrono, y que comprende para éste, el poder de dirección, vigilancia y disciplina, en tanto que para el primero es la obligación de obedecer" (subrayado de quien suscribe).

Sin embargo, los artículos 35 y 55 de la LOTTT no permiten hacer análisis adicionales sobre el contenido y alcance del control y vigilancia patronal, análisis que además se ha construido en buena parte sobre columnas doctrinarias las cuales han venido a afirmar la existencia del control y vigilancia del patrono en el derecho laboral venezolano vigente.

En idéntico sentido, el artículo 57 de la LOTTT cuando refiere a las estipulaciones que deben tenerse presentes en caso que el contrato de trabajo celebrado no contenga cláusulas expresas respecto al servicio que deba prestarse y a la remuneración, refleja –en concordancia con el artículo 19 del Reglamento de la Ley Orgánica del Trabajo vigente– el deber de obediencia del trabajador respecto de 'la labor ordenada' por el patrono siempre que la misma no resulte manifiestamente improcedente y no ponga en peligro al propio trabajador o la actividad de la empresa, establecimiento o explotación del patrono.

Dicho artículo por tanto sólo permite inferir partiendo de la máxima según la cual los deberes de los trabajadores -bien establecidos por vía legal o convencional- tienen como correlativo derechos patronales (en cuanto a su fijación, control y vigilancia; y sanción en caso de incumplimiento) que el patrono podrá además desplegar control y vigilancia a los fines de constatar el cumplimiento de la labor ordenada a que refiere dicho artículo, pudiendo materializarse inclusive un despido justificado (sanción) en el caso que su inobservancia devenga en una falta grave a las obligaciones que impone la relación laboral de conformidad con lo establecido en el literal i) del artículo 79 de la LOTTT.

En cuanto a la definición de la jornada de trabajo contenida en el artículo 167 de la LOTTT, allí se exterioriza nuevamente esa facultad, atribución, prerrogativa o función patronal de girar instrucciones en torno al modo de prestación de servicios. En efecto, dicha norma destaca que "Se entiende por jornada de trabajo el tiempo durante el cual el trabajador… está a disposición para cumplir con las responsabilidades y tareas a su cargo, en el proceso social del trabajo". Esta disposición, fue reproducida sin modificaciones en el artículo 1° del posterior Reglamento Parcial del Decreto con Rango, Valor y Fuerza de Ley Orgánica del Trabajo, los Trabajadores y las Trabajadoras publicado en la *Gaceta Oficial* No. 40.157 (Ordinario) de fecha treinta (30) de abril de 2013.

Si bien es cierto, el artículo 189 de la LOT derogada era mucho más meridiano cuando definía como jornada el tiempo en el cual el trabajador "…está a disposición del patrono y no puede disponer libremente de su actividad y de sus movimientos" llegando incluso a precisar lo que se considera por *estar a disposición del patrono*, el fundamento sigue siendo el mismo, esto es, un trabajador está a disposición de otra persona natural o jurídica (patrono o empleador) para cumplir con las funciones inherentes a su cargo.

De allí que como bien afirme el profesor Alfonzo-Guzmán (2005, p. 106) la subordinación en el fondo y bajo la óptica patronal se traduce en "…la manifestación pasiva de su derecho a dirigir y controlar el trabajo" (resaltado de quien suscribe) siendo que se identifica con el derecho de disponer de la persona a que refiere en artículo 167 de la LOTTT.

Ahora bien, más cercanía en cuanto al reconocimiento y existencia del poder de control y vigilancia del patrono revela el examen del artículo 209 de la LOTTT, el cual a propósito de la definición de trabajador a domicilio afirmó, que por tal se entiende a:

Toda persona que en su hogar o casa de habitación, ejecuta un trabajo remunerado, con o sin ayuda de sus familiares, <u>bajo la dependencia de uno o varios patronos... sin su supervisión directa, y utiliza para ellos materiales instrumentos propios, suministrados por el patrono... o su representante"</u> (subrayado de quien suscribe)

Dicha norma confirma la máxima expuesta por quien suscribe en el presente capítulo según la cual los deberes de los trabajadores -bien establecidos por vía legal o convencional- tienen como correlativo derechos patronales (en cuanto a su fijación, control y vigilancia; y sanción en caso de inobservancia. Máxima que se concreta a través de la asociación entre subordinación o dependencia (en cabeza del trabajador) con el correspondiente derecho del patrono (ahora explícito) de vigilar el cumplimiento de las instrucciones por él impartidas en cuanto al modo de ejecución de la prestación de servicios.

Por ello, se insiste sobre la veracidad de la afirmación del profesor Alfonzo-Guzmán (2005, p. 106) –ya entes citada– según la cual "Observada del punto de vista del empleador, la subordinación es la manifestación pasiva de su derecho a dirigir y controlar el trabajo".

De suerte que cuando el legislador refiere a subordinación o dependencia, apareja en dicho concepto el correspondiente derecho patronal de control y vigilancia, hecho que se desprende de la redacción del artículo 209 de la LOTTT, toda vez que la norma indica que en el régimen del trabajador a domicilio existe dependencia de uno o varios patronos "...sin su supervisión directa", lo cual debe leerse como supuesto de excepción y que por argumento en contrario conduce a concluir que la dependencia o subordinación del trabajador implica por regla el poder de control y vigilancia patronal en forma directa.

Sobre el punto en análisis y a la luz de las formas de prestación de servicios atípicas, la Sala de Casación Social del Tribunal Supremo de Justicia en la decisión No. 847 de fecha dieciséis de mayo de 2006 con ponencia del Magistrado Juan Perdomo (caso *Luis Díaz contra Grupo Móvil F.S., 66, C.A.*) hizo referencia a la reducción del poder de vigilancia patronal y por tanto ha aceptado su existencia y legalidad. Dicha mención fue del siguiente tenor:

> ...claro está, la supervisión y vigilancia del patrono en determinados momentos queda reducida, por cuanto el conductor una vez informado del viaje y la ruta, toma el vehículo y en su trayecto no es controlado por el patrono, lo cual en modo alguno significa, que el trabajador realiza los viajes por su propia cuenta.

Por otra parte, el artículo 38 de la LOTTT refiere a una tipología particular de trabajador; a saber: El trabajador de inspección, entendiendo por a "...quien tenga a su cargo la revisión del trabajo de otros trabajadores..."

De la propia definición antes reproducida se desprende que nuestra legislación laboral reconoce la posibilidad patronal de contratar personas cuya función principal consistiría en vigilar, revisar, controlar que otros trabajadores cumplan con las instrucciones impartidas por el patrono sobre el modo de ejecución del trabajo, de allí que afirme Longa (1999, p. 174) que su labor "...se va a limitar no a desempeñar las mismas tareas de sus compañeros, sino a la revisión o supervisión del trabajo de éstos...". No obstante lo anterior, no precisa nuestro ordenamiento jurídico limitaciones a dicho control y vigilancia de cumplimiento de las obligaciones laborales.

En la LOTTT existen dos situaciones en las que, al menos indirectamente, se impone al patrono un deber de abstención o de no injerencia relacionada con la privacidad y el derecho a la intimidad de los trabajadores. La primera de ellas contenida en el artículo 358 de la LOTTT, relativa a la limitación de prácticas antisindicales patronales a tenor de lo cual se prohíbe al contratante imponer o exigir –y por tanto tampoco vigilar o controlar– a quien solicita trabajo que se abstenga del ejercicio de sus derechos sindicales o a formar parte de un sindicato determinado.

La segunda de ellas (contenida en el artículo 332 de la LOTTT) se basa en el principio de igualdad y no discriminación e indirectamente en el derecho a la intimidad. Según dicha norma, le está prohibido al patrono exigir a la mujer aspirante a un trabajo el sometimiento y/o exhibición de exámenes médicos destinados a diagnosticar la existencia de un eventual embarazo, siendo esta conducta además hoy calificada como violencia laboral en el ordinal 11 del artículo 15 de la Ley Orgánica Sobre el Derecho de las Mujeres a una vida libre de Violencia, publicada en *Gaceta Oficial* No. 38.770 de fecha diecisiete (17) de septiembre de 2007 (LOSDMVLV) y cuya sanción oscila, *ex* artículo 49, entre 100 y 1000 unidades tributarias.

En efecto, aún cuando el supuesto de hecho refiere a una situación precontractual (mujer aspirante a un trabajo) el legislador limita las potestades del sujeto contratante con relación al sometimiento de exámenes cuya finalidad consiste en precisar el posible estado de gravidez de la candidata a ocupar el cargo; situación que por cierto es bastante similar a la prohibición al patrono en cuanto exigir exámenes médicos sobre VIH como requisito a las solicitudes de trabajo o para continuar la actividad laboral, tal como se precisa en el artículo 2 de la Resolución del Ministerio de Sanidad y Asistencia Social de fecha dos (2) de septiembre de 1994 publicada en *Gaceta Oficial* No. 35.538 (ordinario).

En ese mismo sentido, en forma vigorosa el artículo 46 de la CRBV establece que:

> Toda persona tiene derecho a que se respete su integridad física, psíquica y moral; en consecuencia: ... 3. Ninguna persona será sometida sin su libre consentimiento a experimentos científicos, o a exámenes médicos o de laboratorio, excepto cuando se encontrare en peligro su vida, o por otras circunstancias que determine la ley.

Sin embargo, lo anterior no es pretexto para considerar eximida la obligación patronal en cuanto a practicar exámenes médicos pre-empleo o pre-contractuales, ya que los mismos son relevantes a los fines de determinar si la persona se encuentra en condiciones de salud aptas para prestar servicios en el cargo que aspira ocupar.

En ese sentido, la Sala de Casación Social del Tribunal Supremo de Justicia en sentencia No. 0206 de fecha catorce (14) de febrero de 2007 con ponencia del Magistrado Luis Franceschi (caso *Franklin Antonio Duque Ponce contra Consorcio Costa Norte Trimeca y otras*) precisó que no practicar dichos exámenes genera la presunción del carácter profesional (hoy ocupacional) de la enfermedad contraída por el trabajador.

En efecto, a tenor de lo establecido en el numeral 10 del artículo 53 de la Ley Orgánica de Prevención, Condiciones y Medio Ambiente de Trabajo publicada en *Gaceta Oficial* No. 38.236 de fecha veintiséis (26) de julio de 2005 (LOCYPMAT), es un derecho de los trabajadores –que tiene como sujeto pasivo al patrono– que se le practiquen periódicamente exámenes de salud preventivos a cuyos resultados deben tener completo acceso, así como también debe existir confidencialidad de los mismos respecto de terceros. Es por ello que, el numeral 16 del artículo 119 de la LOCYPMAT, considera una infracción grave del patrono, que éste no practique en forma periódica exámenes de salud preventivos a sus trabajadores.

Sobre este particular Blasco (1999, p. 251) destaca –aunque en referencia al derecho español– que:

> Constituye una obligación empresarial a la que se corresponde el correlativo derecho del trabajador a someterse a exámenes médicos periódicos que permitan comprobar la incidencia de las condiciones de su trabajo sobre su estado de salud, derecho que, así concebido, forma parte del derecho a obtener una protección eficaz en materia de prevención de riesgos laborales.

Por lo tanto, subsiste la obligatoriedad patronal de practicar exámenes pre-empleo o pre-contractuales, así como también pruebas periódicas durante la relación de trabajo, toda vez que ello contribuye a contar con un sistema de protección eficaz en materia de prevención de riesgos laborales. Pero dicha vigilancia a la salud del trabajador, es entendida como un deber y no como un derecho patronal enmarcado dentro del Poder de Control y Vigilancia al que refiere el presente libro.

Con todo, es necesario aclarar que el deber de vigilancia patronal concebido en aras de la protección del derecho a la salud de los trabajadores, no se agota en exámenes médicos sino que además se traduce en velar por el cumplimiento de la normativa en materia de Seguridad y Salud Laboral. Sobre este particular, la Sala de Casación Social del Tribunal Supremo de Justicia en sentencia No. 1003 de fecha ocho (8) de junio de 2006 con ponencia del Magistrado Alfonso Valbuena (caso *Nélida Infante contra REMAVENCA y RATIO, C.A.*) precisó –a propósito del carácter tuitivo– que el mismo:

> ...informa la legislación sobre seguridad e higiene en el medio ambiente de trabajo, donde el empleador tiene el deber de vigilancia y control sobre el cumplimiento de las medidas de seguridad industrial, independientemente de los deberes de colaboración y observancia que tiene el trabajador respecto de tales previsiones.

En cuanto a las normas de rango sub-legal, el RLOT precisa en su artículo 18 los deberes fundamentales del trabajador. En ese sentido, conviene referir a dos de ellos; a saber: (i) El deber de prestar servicios en las condiciones y términos pactados o del que se desprenda de la naturaleza de la actividad productiva; y (ii) la observancia de las órdenes e instrucciones dictadas por el patrono sobre la forma de ejecutar el trabajo.

En ese sentido, el primero de los deberes señalados revela la facultad empresarial de pactar los términos y condiciones sobre el modo de prestación de servicios; en tanto que el segundo refiere a la obligatoria observancia del trabajador (deber de obediencia) en cuanto a las *instrucciones dictadas por el patrono*. Frente a la pregunta de ¿qué ocurre si no se cumple lo anterior? la respuesta lógica sería pensar que cabría la posibilidad de sancionar al trabajador (inclusive con el despido de ser el caso). Frente a la pregunta de ¿cómo puede el patrono tener certeza de tal incumplimiento que devenga en la sanción? la respuesta sería mediante el ejercicio del Poder de control y vigilancia del patrono.

Por lo tanto, dicho artículo 18 del RLOT en esencia vino también a reconocer la materialización del Poder de Dirección del Patrono en el régimen jurídico laboral venezolano, expresada en impartir instrucciones, controlar y vigilar su cumplimiento; y sancionar en caso que se determine la inobservancia de dichas órdenes (aunque sin mayor limitación salvo la contenida *ex* artículo 19 *ejusdem* pero con arreglo al derecho de los trabajadores a no acatar las instrucciones, aspecto ya indicado *ut supra* a propósito de la referencia al artículo 57 de la LOTTT).

Finalmente, es preciso hacer referencia a la LOSDMVLV la cual en su artículo 15 refiere a la vigilancia constante como una forma de violencia; a saber: violencia psicológica (calificada como delito por el artículo 39 *ejusdem* y con pena de seis a dieciocho meses).

En nuestro entender en dicha Ley, la voz 'vigilancia' tiene una connotación muy distinta a la hasta ahora examinada, toda vez que esta acción no tiene como propósito –bajo los términos de la LOSDMVLV– verificar el cumplimiento de las instrucciones patronales impartidas, sino que se constituye en un mecanismo o comportamiento incisivo cuyo fin último es perseguir, hostigar a una persona (aspecto que en todo caso guardaría vínculo con lo laboral bajo la teoría del *mobbing* entendido éste como presión laboral tendenciosa en la tesis del profesor Gimeno Lahoz y cuyo examen no forma parte del presente libro).

Corolario de todo lo antes dicho, cabe afirmar que el Poder de Control y Vigilancia patronal, si bien se halla en la esencia, en la filosofía del régimen jurídico laboral venezolano vigente (y más en preciso en el propio contrato de trabajo) revelado en tratamientos indirectos o tangenciales de diversas normas, cuenta con muy escasa regulación así como también con limitado tratamiento jurisprudencial; de allí que en principio resulte cuesta arriba –al menos si se le analiza en forma aislada respecto de otras instituciones jurídicas y sin auxilio doctrinal– precisar su contenido, alcance y límites.

CAPÍTULO II

EL DERECHO A LA INTIMIDAD DE LOS TRABAJADORES EN EL RÉGIMEN JURÍDICO LABORAL VENEZOLANO

Este segundo capítulo, tiene como propósito esencial atender a la cuestión relativa al alcance del derecho a la intimidad de los trabajadores según el Derecho Laboral en Venezuela. Para ello, es menester iniciar una aproximación conceptual al derecho de intimidad, así como también ventilar su naturaleza jurídica –y las consecuencias que de ella se desprende– y; finalmente, examinar la instrumentación de este derecho en la normativa vigente.

Habida cuenta el propósito antes descrito, el primer acápite de éste capítulo se destina al abordaje de la definición de la intimidad partiendo a tales fines de una primera aproximación conceptual desde perspectivas no jurídicas, para luego diferenciar la voz 'intimidad' respecto de otras comúnmente utilizadas como equivalentes. Con base en lo anterior, se delimitará la noción jurídica del derecho a la intimidad haciendo especial énfasis en la dignidad como atributo fundamental.

En la segunda sección, se atiende a la naturaleza jurídica del derecho a la intimidad, teniendo como punto de partida la conceptualización de los derechos humanos y/o fundamentales y los efectos de la aplicación de dicha doctrina en el caso venezolano, muy especialmente en lo atinente a la limitación o restricción de este tipo de derechos, a través del estudio de los aspectos formales y materiales; así como también

64

las consideraciones conceptuales necesarias en torno a los Tratados y Pactos Internacionales en materia de derechos humanos y/o fundamentales.

Por fin, una tercera parte del capítulo II comienza con el estudio y consideración de los instrumentos internacionales que informan al derecho a la intimidad, así como también el postulado contenido en nuestro Texto Fundamental. Con base en ello se analizan las normas de rango legal y sub legal relativas a tal derecho para posteriormente contextualizar el examen al esquema de las relaciones laborales, abordando allí la escasa regulación existente sobre la materia en Venezuela.

1. *Aproximación conceptual del derecho a la intimidad*

Precisa Rebollo (2005) un esquema oportuno de aproximación a la intimidad, el cual parte de la consideración de acercamientos no jurídicos sobre el concepto, para de seguidas arribar a su etimología y ofrecer así algunas delimitaciones de cara a su posterior examen desde la óptica jurídica.

A. *Aproximación no jurídica a la noción de intimidad*

En efecto, el referido autor en su obra intitulada 'El derecho fundamental a la intimidad' toma –como punto de partida– lo que intimidad se entiende desde la óptica psicológica. En ese sentido señala que existe concierto de voluntades en dicha disciplina, en cuanto a que la intimidad se constituye como una necesidad de orden social en la que existe una "...primacía de lo privado frente a lo público" y por tanto, que no se debe a una motivación humana fundamental "... y si como una reacción ante la pérdida de control de lo que nos rodea" por lo que concluye que la intimidad es, en esencia, desde el punto de vista psicológico una conducta (Rebollo, 2005, p. 33).

La aproximación antes presentada, revela un par caracteres de interés; a saber: (i) Se trata de una necesidad de orden social y no una motivación humana fundamental, y (ii) es una conducta en la que el individuo revela una supremacía de lo privado frente a lo público.

En otras palabras, referir a la intimidad –incluso bajo la aproximación psicológica– parte necesariamente de concebir al ser humano de manera distinta a un ser aislado: esto es, se trata de un hombre en sociedad, que se comunica, interactúa y relaciona en mayor o menor grado con otros sujetos. No puede tenerse intimidad respecto de si, sino respecto de esas otras personas con las que se está en vínculos de mayor o menor proximidad.

Y en segundo lugar, la existencia de esa llamada 'supremacía de lo privado frente a lo público' sugiere la constitución de dos opuestos (lo privado y lo público) entre los cuales se producirán distintas combinaciones o mejor gradaciones en las que habrá un mayor o menor presencia del atributo 'privado' –para el autor referido siempre en relación de dominio sobre lo público– lo que coloca a la intimidad en relación directamente proporcional con la privacidad aunque existan diferencias entre ambos términos como se verá posteriormente.

Desde la óptica sociológica, no resulta tan sencillo anunciar una definición o delimitación de lo que la intimidad es. Ello se debe a que mientras la psicología aborda el tema de la intimidad desde la perspectiva de la conducta individual del hombre (en contexto con otros, pero conducta individual al fin) la sociología considera ese mismo fenómeno pero partiendo de la premisa del comportamiento del hombre *como ser social* o mejor, en palabras Nisbet (1982) en *vínculo social.*

Habida cuenta este factor, analizar la intimidad a la luz de la Sociología implica la consideración de variables políticas, geográficas e ideológicas entre muchas otras, así como también el carácter bidireccional (interrelación y mutua incidencia) esquematizado en: individuo-sociedad y sociedad-individuo. De allí que se afirme que su propósito trasciende la delimitación o contextualización del fenómeno que se intenta aprehender.

En efecto, si bien una primera aproximación conceptual sugiere que los límites entre lo privado y lo público se tracen con arreglo al nexo existente con el Estado, no tardan en aparecer las limitaciones de esa propuesta cuando se somete a los rigores de aplicación en sociedades distintas o incluso una misma sociedad en espacios temporales distintos.

Rebollo (2005, p. 42) considera lo anterior a la luz de la Revolución Francesa en una relación que si bien al inicio implicó una imposición *casi totalitaria* de lo público (donde lo privado era el espacio entendido para las traiciones) al plasmarse los principios de dicha Revolución (esto es, la misma sociedad en un espacio temporal distinto) la vida privada vuelve a florecer con un carácter menos peyorativo, al punto que la consagración de los derechos del individuo comienza a reflejarse en manifestaciones jurídicas importantes (*V.*, la inviolabilidad del domicilio contenida en el Código Penal francés desde 1791 a la que el autor citado hace mención).

De allí que afirme el autor antes referido, que en esa sociedad son varios los factores que surgen para formar un *concepto pleno y generalizado de la intimidad*; a saber:

El concepto de la personalidad de la burguesía, las declaraciones de derechos que acuden a la dignidad de la persona humana como pretensión inexcusable por parte de cualquier Estado, la configuración social urbana, la separación de lugar de trabajo del hogar, la concienciación por parte de la clase no burguesa de un ámbito de obligado respeto por cualquier poder establecido, son las más significativas razones del surgimiento del concepto de intimidad (Rebollo, 2005, p. 42).

Es muy importante diferenciar el concepto de intimidad respecto del individualismo, pues este segundo término refiere más bien a las corrientes doctrinarias que dan prioridad al sujeto sobre la sociedad y/o sobre el Estado. En esencia, la intimidad no se trata de eso, pues aunque pueda pensarse que un exceso de ella se traducirá en una distorsión de lo social (y viceversa) en el fondo lo que opera es una suerte de calibración entre lo público y privado que depende tanto de la pretensión individual como de la social –en atención a las variables que dicho análisis requerirá–.

En cuanto a la concepción filosófica, es sin duda (respecto del tema sobre intimidad) un terreno tan abonado como variopinto, por lo que tomaremos solo algunas concepciones con arreglo al criterio de idoneidad para reflejar esta perspectiva del objeto de estudio.

En primer lugar, es preciso tomar en cuenta a Manuel García Morente (1986, citado por Rebollo, 2005, p. 38) analiza el tema desde la perspectiva diferenciadora entre la relación pública y privada. Así, mientras que la primera es anónima, abstracta y fundamentada en conceptos genéricos y funciones; la segunda –relación privada– es precisa, nominal y se basa en lo interior y peculiar "...en lo propio, en lo único".

Hay que tener en cuenta que la fuente original tomada por Rebollo (2005) y que contiene la idea expuesta en el párrafo anterior, corresponde a la publicación efectuada en el año 1986 por la Biblioteca de autores cristianos en la ciudad de Madrid, bajo el título "Escritos desconocidos e inéditos", lo que le confiere un valor especial aún cuando tal y como afirman Hirschberger y Martínez (1968) la estructura de pensamiento de García Morente no fue lineal, sino que son identificables dos etapas de su pensamiento.

En efecto, la primera de ellas de tradición neokantiana donde comulga con postulados formalistas-prácticos y con la teoría de los valores que "...ponen al hombre, portador y realizador de aquellos valores, en el centro de un avance progresivo a lo largo de su historia" (Hirschberger y Martínez, 1968, 369); y (ii) una segunda etapa en la que visualiza el pensamiento de Kant como 'cerrado' –en contraposición al pensamiento de Santo Tomás– con la que "...caen las barreras artificialmente levantadas por el prejuicio inmanentista del pensamiento moderno, y se abre el espíritu a la realidad trascendente, a la verdadera metafísica, a Dios" (Hirschberger y Martínez, 1968, p. 369).

De allí que Ruiz-Berdejo (2005) afirme que cuando Morente habla de intimidad se refiere al concepto de 'soledad activa' esto es "...nosotros nos buscamos y procuramos para escuchar nuestro propio corazón, para escucharnos a nosotros mismos, para descubrir nuestro auténtico ser, el ser que al vivir, nos proponemos realizar" (p. 243).

Por otra parte, Xavier Zubiri (1986, citado Ruiz-Berdejo, 2005, p. 243) filósofo español catalogado por Hirschberger y Martínez (1968) como 'pensador independiente', define la intimidad como "el modo de ser de los actos psicoorgánicos en el cual y por el cual mi vida se me hace verdaderamente propia".

Ruiz-Berdejo (2005, p. 243) considera que dicha definición de Zubiri pone de relieve la idea por virtud de la cual "...la intimidad se va configurando de manera selectiva asimilando únicamente aquellos acontecimientos que considero como míos", en razón de lo cual Rebollo (2005, p. 36) identifica cuatro ámbitos de la intimidad; a saber: "Lo que cada uno creemos y sabemos de nosotros mismos, lo que los demás creen que es, lo que nosotros creemos que los demás creen de nosotros, y lo que realmente es".

Para concluir, es preciso hacer mención al pensamiento de Rebollo (2005, p. 41) quien luego de analizar otras doctrinas filosóficas acaba por afirmar que, desde esta perspectiva, "...la intimidad es en esencia una consecuencia de lo colectivo concretada en la persona, como respuesta, como necesidad o como pretensión, pero en todo caso social".

En efecto, si bien existe un aspecto personal o subjetivo, el hecho es –como se ha anunciado anteriormente– que nadie tiene intimidad respecto de si, sino respecto de esas otras personas con las que se está en vínculos de mayor o menor proximidad. Por lo tanto, es esencialmente social.

Ahora bien, desde el punto de vista etimológico la vigésima segunda edición del Diccionario de la Real Academia Española del año 2001 (DRAE) señala que por intimidad se entiende aquella "Zona espiritual íntima y reservada de una persona o de un grupo, especialmente de una familia".

Dicha acepción si bien dista de algunas precisiones que ya han sido formuladas en el presente capítulo, permite iniciar el cotejo de algunas expresiones utilizadas de ordinario como términos equivalentes; a saber: privacidad, 'vida privada', secreto, confidencialidad, reservado, oculto y personal.

Respecto del término 'privado' este refiere a más bien a la discreción, o más propiamente en uso de la definición del adjetivo enunciado en el DRAE, aquello que "...se ejecuta a vista de pocos, familiar y domésticamente, sin formalidad ni ceremonia alguna". De allí que algo privado no necesariamente corresponda a la esfera de la intimidad, pues el atributo o factor común referirá –en todo caso– a la limitaciones de acceso por parte de terceros.

En cuanto al comparativo con la expresión 'vida privada' resulta importante la reflexión efectuada por Rebollo (2005, p. 74-75) de la cual se toman cuatro ideas principales:

i. El elemento volitivo en la intimidad es total, en tanto que en la vida privada es sólo parcial, toda vez en esta última existe una parcela indisponible derivada de la interrelación social.

ii. Únicamente es el individuo quien establece los límites de la intimidad; y en menor medida de la vida privada.

iii. Corolario de lo anterior, la vida privada es "lo generalmente reservado" en tanto que la intimidad es "lo radicalmente vedado, lo más personal" (similar a un sector de la doctrina alemana que suele diferenciar 'niveles' dentro de la privacidad en atención al número de personas que tienen conocimiento de un aspecto personal); y

iv. La intimidad es la concreción o realización efectiva de una parcela de la vida privada.

Sobre este último atributo Ortiz-Ortiz (2002, p. 112) agrega que en su entender "...la vida privada es un marco referencial necesario para determinar la intimidad, pero que aluden a bienes jurídicos diferentes, y en este sentido todo elemento de la intimidad es per se de la vida privada pero no a la inversa".

En un mayor grado de proximidad, es pertinente analizar la palabra 'secreto', que en los términos del DRAE refiere a aquello que "cuidadosamente se tiene reservado u oculto". Para Rebollo (2005, p. 70) la intimidad se distingue de secreto, en tanto y cuanto comporta una relación directa "...con lo anímico, con lo espiritual, (cosa) de la que adolece lo secreto" (paréntesis de quien suscribe) y continúa "...el secreto es un medio, una utilización de la intimidad, pero no se agota en él".

Con relación a la 'confidencialidad' –según el DRAE– cualidad de confidencial, esto es, "que se hace o se dice en confianza o con seguridad recíproca entre dos o más personas", la redacción sugiere a las limitaciones de divulgación más que a aquella "zona espiritual e íntima", que se halla reservada a un sujeto o grupo delimitado.

En cuanto a la palabra 'reservado' sugiere limitaciones al acceso a la información o a un contenido, el cual extiende una vía sólo para determinados sujetos. Pero, al igual que la palabra 'secreto' dicha limitación no viene dada en razón de la llamada por el DRAE "zona espiritual e íntima".

Por fin, el significado de los términos 'oculto' y 'personal'. El primero de ellos refiere a algo que se encuentra escondido, esto es, si bien existente no resulta visible o apreciable por terceros. Por ende, si bien 'ocultar' algo puede ser un medio útil para la intimidad, en el sentido que permite establecer *reservas* de contenido frente a terceros, como bien lo indica Rebollo (2005, p. 71) "En la intimidad lo relevante es aquello que queremos que los demás desconozcan, no siendo relevante la forma de hacerlo (ocultar, omitir, mentir, etc.)".

En tanto que la palabra 'personal', denota al atributo de pertenencia a un sujeto, lo que en definitiva sugiere la disposición única de aquel frente a su delimitación y nuevamente a la reflexión por virtud de la cual no necesariamente todo lo personal ostenta un carácter íntimo.

A la sazón de lo antes expuesto, es posible aproximar una primera definición ajurídica de intimidad, según la cual se trata de una conducta del individuo, que en razón del vínculo social de naturaleza bidireccional (esto es, de interrelación y mutua incidencia con la sociedad) establece gradaciones entre lo público y privado fijando contenidos –variables en el tiempo y en diversas organizaciones sociales– con el propósito de establecer un ámbito más reducido respecto de la vida privada, alejando o manteniendo al margen de dichos contenidos a terceros e incluso al Estado, pudiendo valerse para ello de distintos medios (secretos, ocultamientos u omisiones entre otros).

B. *Aproximación jurídica al derecho a la intimidad*

Habida cuenta el concepto antes enunciado, corresponde ahora iniciar una aproximación jurídica de la intimidad, para lo cual se analizarán algunas definiciones expuestas por la doctrina. La primera de ellas, corresponde a Riquert (2003, p. 39) quien en su obra intitulada 'protección penal de la intimidad en el espacio virtual' ensaya una aproximación preliminar del siguiente tenor:

> ...puede decirse que el derecho a la intimidad hace que cada persona goce de un ámbito ajeno a la injerencia o curiosidad de los demás, resaltando Uicich su carácter de derecho personalísimo, es decir, de aquellos que goza el hombre por su condición de tal, siendo esencial para su desarrollo y salud mental, ámbito donde ni tercero ni el Estado mismo pueden entrar.

De la anterior cita se desprenden los siguientes elementos de interés: (i) Se trata de un derecho, además personalísimo lo que en decir del autor implica que es inherente al hombre por su sola condición de tal, (ii) se traduce en la existencia de un espacio, esfera o ámbito ajeno la injerencia, intrusión o intervención e incluso *curiosidad* de terceros en un sentido amplio (léase que también aplica dichas restricciones al Estado); y (iii) deviene en esencial para el desarrollo y salud mental de su titular.

Entre nosotros, Brewer-Carías y Ayala (1995) apuntan que se trata del "...derecho de toda persona a un ámbito o reducto de lo propio o suyo, que está vedado a que otros penetren, y que no puede ser objeto de injerencias arbitrarias o abusivas, ni por parte del Estado ni de otras personas" (p. 94-95).

Para Díaz (s/f, citado por Livellara, 2003, p. 45) por derecho a la intimidad se entiende:

> ...el derecho personal que compete a toda persona de sensibilidad ordinaria, de no permitir que los aspectos de su vida privada, de su persona, de su conducta y de sus empresas, sean llevados al comentario público o con fines comerciales, cuando no exista un legítimo interés por parte del Estado o de la sociedad.

Al margen de algunas formas de redacción, la definición anterior revela tres características de la intimidad; a saber: (i) Se trata de un derecho personal con todo lo que ello apareja, (ii) ostenta un carácter volitivo; y (iii) es de carácter relativo – por contraposición a absoluto- toda vez que según lo expresa el autor citado, encuentra límites en el interés legítimo por parte del Estado o incluso <u>la sociedad</u>, pues como bien precisa Pellicer (1999, p. 253), aplicado al ámbito de las relaciones laborales:

> ... [se] genera un complejo de obligaciones y derechos recíprocos que condicionan el ejercicio de la libertad (entre la que hay que comprender el ejercicio del derecho a la intimidad), de modo que <<manifestaciones de tal libertad que en otro contexto pudieran resultar legítimas, no tienen porque serlo necesariamente dentro del ámbito de esa relación contractual>> (los corchetes son de quien suscribe).

En contraposición a la definición de Livellara, el carácter absoluto de la intimidad es sostenido por Ekmekdjian (1993, p. 567) cuando precisa que por esta ha de entenderse aquella facultad de cada persona en cuanto a disponer "...de una esfera, ámbito privativo o reducto infranqueable de libertad individual, el cual no puede ser invadido por terceros, ya sean particulares o el propio Estado mediante cualquier tipo de intromisiones, las cuales pueden asumir diversos signos".

Para Goldenberg (1976, citado por Livellara, 2005, p. 45) –el asunto se circunscribe a un derecho– "...que le permite preservar a un sujeto mediante acciones legales, su intimidad, es decir la parte no comunicable de su existencia". Nótese, que la definición presentada por Goldenberg reduce la noción de intimidad a una parte no comunicable de la existencia de la persona, en tanto que el derecho de intimidad vendría a ser el mecanismo jurídico que faculta al sujeto a preservar ese ámbito no comunicable.

Ahora bien, quien suscribe no comparte la reducción presentada por Goldenberg respecto de la noción de intimidad, ya que la misma tiende a la equiparación de dicho concepto con el término 'secreto' (diferencia ofrecida *ut supra*, a propósito del abordaje del aspecto etimológico).

En refuerzo de lo anterior, Bidart Campos (1984, citado por Riquert, 2003, p. 40) sostiene en su publicación intitulada 'La informática y el derecho a la intimidad' que por el hecho que se exteriorice una conducta ello no convierte la acción en pública. A tal efecto, cita el ejemplo de los movimientos efectuados en la cuenta bancaria, donde no quedando *enclaustrados* en la interioridad de la conciencia de la persona "...aún así se reserva el derecho a la reserva y al secreto –con dosis variables– para que nadie se entrometa en la referida privacidad indebidamente o por curiosidad o cosa parecida".

De allí que Rebollo (2005, p. 111) acertadamente plantee que el fundamento del derecho a la intimidad es, precisamente, la dignidad de la persona, siendo que asuma la definición aportada por la doctrina establecida por el Tribunal Constitucional en España según la cual, se trata de "...un valor espiritual moral inherente a la persona, que se manifiesta singularmente en la autodeterminación consciente y responsable de la propia vida y que lleva consigo la pretensión al respeto por parte de los demás".

En efecto, sin ánimo de disertar aquí el contenido y alcance de los tratados internacionales referidos a la dignidad de las personas, es prácticamente de uniforme aceptación, que de ella emana la fundamentación de los derechos sociales, de suerte que en su escala evolutiva ha alcanzado incluso –aunque en algunos Estados con un carácter precario– el reconocimiento directo de las más disímiles Cartas Magnas (constitucionalismo ascendente).

Para Rebollo (2005, p. 111) tres son las funciones esenciales que cumple la dignidad:

i. Legitimación del orden jurídico establecido en la Constitución vigente (en referencia al caso español),

ii. Fundamentar el contenido de los derechos y libertades que se reconoce en la Constitución; y

iii. Servir de fundamento interpretativo de todo el ordenamiento jurídico. De allí que cite a Lucas Verdú quien afirma que sin el reconocimiento y garantía de la dignidad humana "… los derechos humanos se desdignifican, se desnaturalizan, desencializan y decaen en una visión positiva incapaz de interpretar correctamente este principio básico".

Corolario de lo antes expuesto, en el presente escrito se entenderá como 'derecho a la intimidad' aquel que es inherente a la persona por su simple condición de tal y que fundamentado en la dignidad, confiere a su titular medios y mecanismos amparados por el ordenamiento jurídico, los cuales podrán ser ejercidos a voluntad, con el propósito materializar la conducta del individuo, que en razón del vínculo social de naturaleza bidireccional (esto es, de interrelación y mutua incidencia con la sociedad) establece gradaciones entre lo público y privado fijando contenidos –variables en el tiempo y en diversas organizaciones sociales– que están orientados a establecer un ámbito más reducido respecto de la vida privada, alejando o manteniendo al margen de dichos contenidos a terceros e incluso al Estado, siendo entendido que dicha exclusión o alejamiento comportará un carácter relativo.

2.   *Naturaleza jurídica del derecho a la intimidad*

Abordar la cuestión relativa a la naturaleza jurídica del derecho a la intimidad, implica adentrarse en la doctrina de los derechos humanos y/o fundamentales con todo lo que ello apareja, lo que en forma alguna viene a significar que en las breves líneas dedicadas a tal planteamiento se aspire zanjar las importantes –y válidas- diferencias existentes en las distintas posturas y escuelas de pensamiento que han surgido a lo largo de las etapas de su desarrollo.

Más bien, con arreglo a la ética que corresponde a toda investigación, lo que se persigue es fijar posición sobre los tópicos esenciales inherentes al tema de los derechos humanos y/o fundamentales y con base en ello, atender al propósito del presente aparte el cual fue descrito al inicio del capítulo II.

A. *Derechos humanos y/o fundamentales*

A este tenor, el punto de partida se encuentra en la propia denominación, más en preciso en el errático debate sobre "derechos humanos vs derechos fundamentales" que parece fundarse en una re-edición del planteamiento ya superado entre la tesis iusnaturalista vs la iuspositivista al que hacía referencia el maestro Olaso (1998, p. 313 y sig.) en el primer tomo de su obra intitulada Introducción al Derecho.

En entender de quien suscribe no es un escenario de confrontación lo que debe plantearse entre ambas denominaciones, sino más bien cuál es el nexo que existe entre ella, pues como bien apunta el autor antes referido –a propósito del Derecho Natural y el Derecho Positivo- estos se encuentran en una situación de relación, toda vez que entre otras razones, "...el Derecho Natural es el verdadero fundamento del Derecho Positivo, porque su fuerza está en que se refiere al núcleo de verdades de Justicia indispensables para una vida social digna y humana..." (Olaso, 1998, p. 352).

En ese sentido, son múltiples las teorías que refieren a tal cuestión. Algunas sugieren una relación de género especie, otras nacen como elemento justificante de una categorización que sólo resulta aplicable a ordenamientos jurídicos determinados (*V.*, el caso de la Constitución en España en donde se produce una diferenciación entre derechos constitucionales y fundamentales); y finalmente, también se suele utilizar en forma diferenciada estos términos para referir a las normas internacionales sobre la materia y al ordenamiento jurídico interno (derechos humanos y derechos fundamentales respectivamente) no solamente bajo la tesis dualista sino también en tesis monistas.

En ese sentido, Rodríguez (2004, p. 2) destaca dos ideas de interés sobre la afirmación de Pérez Luño según la cual los derechos fundamentales son derechos humanos positivizados en las constituciones estatales.

La primera de ellas, se circunscribe al acento que coloca Pérez Luño en cuanto al desarrollo de los derechos fundamentales desde el punto de vista de su relación con el Estado, esto es, "...como expresión de la corriente personalista de afirmación frente a los avances indebidos de la autoridad", en tanto que la segunda observación radica en que el nexo existente entre los derechos fundamentales y los derechos humanos es de *reconocimiento,* lo cual se expresa en la *positivización* de los últimos en la Carta Magna (Rodríguez, 2004, p. 2).

No obstante lo anterior, esa suerte de relación de género-especie no es necesariamente universal, pues en efecto como afirma Correa (2003, p. 23-24) cuando aborda la noción de derechos fundamentales:

> Que sean derechos fundamentales, no significa que sólo sean fundamentales los derechos enunciados por la Constitución como tales, ni que todos los derechos que se incluyen en ella resulten fundamentales, ni que todos los derechos acuñados bajo en rúbricas diferentes dejen de ser, por ese sólo hecho, derechos fundamentales.

El pasaje antes citado desnuda la complejidad del tema tratado a la vez que ataca la noción sostenida por Messner (1967, citado por Rodríguez, 2004, 2) según la cual "...los derechos del hombre garantizados en las constituciones de los Estados se llaman derechos fundamentales".

Sin embargo, hay que decir que no sólo Messner sostiene tal argumento, sino que el mismo encuentra tantos seguidores como detractores en la doctrina más reconocida. Tal es el caso de Juan Bautista Vivero (2002, p. 49) quien a propósito del examen de la huelga en los servicios esenciales en el derecho español, refiere al punto de la forma siguiente:

> La tesis que aquí se defiende es que la huelga es un derecho fundamental porque tiene una sólida raíz axiológica, con los valores de libertad e igualdad material a la cabeza, y, sobre todo, porque resulta reconocida como derecho subjetivo en la Constitución. No se comparte la tesis de buena parte de la doctrina laboralista, según la cual la huelga es un derecho fundamental por el solo hecho de estar reconocida en la sección 1ª, pues sería igualmente de estar en la sección 2ª; incluso, aunque con serias dudas, en el capítulo III. Cuestión distinta es que su reconocimiento en la sección 1ª le confiera la mayor resistencia o fundamental posible.

Peces-Barba (2004) inicia una aproximación lingüística en su primer capítulo donde tras pasearse por las nociones de derechos humanos, derechos naturales, derechos públicos subjetivos, libertades públicas; y derechos morales; concluye que la expresión más precisa es la de derechos fundamentales, ya que resulta más adecuada a los fines de hacer referencia a los derechos que aborda en su obra antes referida. Ello se debe a lo siguiente:

a. Es más precisa que la expresión derechos humanos y carece del lastre de la ambigüedad que ésta supone.

b. Puede abarcar las dos dimensiones en las que aparecen los derechos, sin incurrir en los reduccionismos iusnaturalista o positivista. Los derechos fundamentales expresan tanto una moralidad básica como una juridicidad básica.

c. Es más adecuado que los términos <<derechos naturales >> o <<derechos morales >> que mutilan a los derechos de su faceta jurídico positiva, o dicho de otra forma, que formulan su concepto sin tener en cuenta su dimensión jurídico positiva. Las tradiciones lingüísticas de los juristas atribuyen al término <<derechos fundamentales>> esa dimensión vinculándola a su reconocimiento constitucional o legal.

d. Es más adecuado que los términos <<derechos públicos subjetivos>> o <<libertades públicas >> que pueden perder de vista la dimensión moral y ceñir la estipulación del sentido a la faceta de la pertenencia al Ordenamiento..." (Peces-Barba, 2004, p. 28).

La argumentación anterior –influenciada por la doctrina alemana- reviste de mucho interés en aquellos países (V., España) donde la estructura constitucional distingue a su vez una categoría particular que denomina 'derechos fundamentales', dando lugar al nacimiento de la cuestión relativa a si todos los derechos constitucionales son o no fundamentales o si los derechos contenidos en dicho acápite son más fundamentales que otros derechos ubicados en otras secciones de la constitución o no expresamente referidos.

Entre nosotros, Casal (2006, p. 59) hace una precisión terminológica –que quien suscribe hace suya a los efectos del presente libro– según la cual "...cuando hacemos mención a los derechos fundamentales nos referimos a los derechos constitucionales o a derechos inherentes a la persona reconocidos, explícita o implícitamente, por la Constitución".

En efecto, indistintamente del nombre con el que se catalogue (que puede significar una u otra cosa dependiendo de la doctrina que se siga) lo importante está en identificar que se trata de derechos que corresponden a la persona en su condición de tal, como derivación de la dignidad humana, bien sea constitucional o inherentes a la persona –reconocidos implícita o explícitamente por la Carta Magna– (noción de derecho fundamental del profesor Casal que, como se afirmó, se suscribe a plenitud). De allí que Casal (2006, p. 12) afirme que:

> En sentido amplio, los derechos humanos son derechos inherentes a la persona que se derivan de la dignidad humana y resultan fundamentales en un determinado estadio de evolución de la humanidad, por lo que reclaman una protección jurídica. En cambio, en un sentido más estricto, los derechos humanos son eso mismos derecho pero en la medida en que son reconocidos y protegidos en el ámbito internacional.

De allí que al definir en el primer acápite del presente capítulo 'derecho de intimidad' se hizo indicación expresa –al inicio de dicha definición– que se trata aquel inherente <u>a la persona por su simple condición de tal y que se encuentra fundamentado en la dignidad</u>, esto es, un derecho fundamental en los términos expresados por el profesor Casal (2006, p. 59).

B. *Efectos que se desprenden de la naturaleza jurídica del derecho a la intimidad*

Habida cuenta lo anterior, es menester comprender qué implicaciones trae el afirmar que el derecho a la intimidad es un derecho fundamental en los términos antes descritos.

a.   *Consideraciones generales*

En entender de quien suscribe, al tratarse de una definición que no está en conflicto, no niega, condiciona ni limita el concepto de derechos humanos, conserva para sí, las mismas características que dicha doctrina le confiere; esto es, un derecho universal, inherente a la persona, inalienable e irrenunciable; e innato.

Respecto del atributo de universalidad Casal (2006, p. 14) éste no se refiere a que rija efectivamente en todo el mundo, sino más bien que así debería ser, por lo que debe verse más bien debe verse como "...una tendencia en la evolución de los pueblos y de la humanidad, un requerimiento ético-jurídico insoslayable". Sobre este particular Villasmil (2007a, p. 139) agrega que: "Se trata de una universalidad que no opera sólo extensivamente sino, al igual, intensivamente en cuenta de la transversalidad que la tutela de los derechos fundamentales reclamará de y para todo el ordenamiento jurídico".

En cuanto a que los mismos son inherentes a la persona, ello deviene de su fundamentación en la dignidad humana y que su materialización resulta ajena al contexto en el cual deberá desarrollarse, de tal suerte que la instrumentación de su contenido esencial ha de producirse con independencia de los intereses colectivos.

La inalienabilidad por cuanto no son susceptibles de ser negociados o enajenados. Respecto de su irrenunciabilidad, se trata de derechos sobre los cuales tampoco existe posibilidad que sean válidamente relajados por voluntad entre particulares (norma mínima o de orden público). Por lo tanto, su renuncia genérica no es válida –lo que no es óbice para anunciar su carácter relativo dentro de la licitud y reconociendo como límite su contenido esencial–.

Respecto del carácter innato Casal (2006, p. 15-16) sostiene que se trata de reflejar que dichos derechos son *connaturales* a la persona y nacen con ella. No obstante lo anterior, el autor referido destaca dos observaciones a dicho atributo; a saber:

Los derechos fundamentales de la persona sólo son concebibles en sociedad y son influenciados, en su reconocimiento y perfilamiento, por el entorno histórico en que la persona se desenvuelve. No nacen de una vez y para siempre como derechos inmutables, sino que se renuevan conforme a las exigencias concretas de la humanidad en un mundo cambiante y según las condiciones que rodean la existencia del hombre en sociedad.

En segundo lugar, hay que observar que ahora los derechos humanos corresponden a las personas antes incluso de su nacimiento o concepción, como lo ponen de manifiesto los derechos de las generaciones futuras, en las materias de protección del ambiente y de límites a la investigación y tratamiento genético, entre otras.

Adicionalmente a lo antes indicado, el profesor Villasmil –tanto en su obra de *Fundamentos de Derecho Sindical Venezolano* (2003) como en su publicación intitulada *Relaciones Laborales: en tiempo presente* (2007)– incorpora atributos adicionales a propósito del abordaje de la naturaleza jurídica de la libertad sindical –claramente aplicable al derecho en estudio– bajo la fórmula siguiente:

i. La inescindibilidad o interdependencia entre los derechos humanos tanto a lo externo (respecto de otros derechos humanos) como a los interno (respecto de sus núcleos esenciales);

ii. La progresividad o carácter irregresivo que se desprende del llamado 'carácter móvil' o extensivo por virtud del cual se expande o dilata en contenido;

iii. La indivisibilidad o visión holística de los derechos que integran dicha categoría;

iv. El carácter de auto-aplicabilidad (aplicación directa o inmediata) aspecto éste sobre el que se volverá a propósito de la referencia del derecho a la intimidad en los tratados internacionales.

b. *Limitación o restricción de los derechos humanos y/o fundamentales*

En la definición enunciada en la primera sección del presente capítulo se precisó que el derecho a la intimidad comporta un carácter relativo, no en el sentido que lo apunta Ortiz-Ortiz (2002, p. 115) cuya crítica a Novoa Monreal compartimos, sino como término contrapuesto al de 'carácter absoluto' o ilimitado, lo cual a la luz de los derechos humanos y/o fundamentales supone un tratamiento específico de cara a su restricción o limitación teniendo en cuenta las condicionantes constitucionales y restricciones en orden legislativo, así como también los aspectos formales y materiales.

En este sentido, Correa (2003, p. 38) afirma que los derechos fundamentales sólo pueden ser limitados con base en la Constitución, lo que en su decir pone de manifiesto la inexistencia de derechos absolutos en el ordenamiento jurídico aun y cuando se trate de derechos fundamentales, siendo menester lograr el balance "...difícil pero necesario entre derechos, bienes, valores y principios reconocidos todos como componentes del orden jurídico fundamental de la comunidad".

Por su parte Casal (2006, p.61) distingue entre 'limitación' y 'restricción. A tal efecto, sostiene que son dos (2) los posibles propósitos que se hallan en la 'limitación' de los derechos fundamentales que de forma implícita o explícita están contenidos en la Carta Magna; a saber: (i) La reducción del alcance de la facultad o libertad protegida; o (ii) la necesidad de coordinar el ejercicio del derecho respecto de otros derechos o bienes constitucionalmente tutelados.

En tanto que, hablar de 'restricción' supone más bien atender a las imposiciones de condicionamientos al ejercicio del derecho fundamental que vienen formuladas por la ley – pero siempre con base en el texto constitucional–. De allí que sostenga que "La restricción no reduce el alcance constitucional del derecho, que permanece incólume, pero si prohíbe o condiciona algunas acciones o facultades en principio amparadas por la libertad reconocida, o implica o autoriza una injerencia en el bien jurídico garantizado" (Casal, 2006, p. 62). En términos de Alexy (2002, p. 267):

El concepto de restricción de un derecho fundamental no parece presentar problemas; estos resultan exclusivamente de la determinación del contenido y alcance permitidos de las restricciones como así también de la distinción entre restricción, por una parte, y cosas tales como regulaciones, configuraciones y concreciones, por otra.

Con base en ello y bajo un esquema similar al de límites formales y materiales desarrollado por el profesor Peces-Barba (2004, 320-321), el autor referido en el párrafo anterior propone examinar los aspectos formales (reserva legal, determinación o precisión de la regulación; y carácter orgánico de la ley) y materiales (licitud del fin perseguido, proporcionalidad, intangibilidad del contenido esencial del derecho; y compatibilidad con el sistema democrático) de cara al establecimiento de las "Condiciones para la limitación o restricción de los derechos fundamentales".

A este tenor, cuando considera la *reserva legal*, lo hace en el entendido que ni la administración ni otros órganos del poder público están facultados para afectar derechos fundamentales a menos que exista un 'respaldo legal', esto es, una norma jurídica que así lo establezca, siendo que dicha norma emane del cuerpo parlamentario respectivo siguiendo a tales fines el procedimiento previamente establecido en la Constitución vigente.

Lo anterior no es óbice para admitir la posibilidad que el Poder Ejecutivo pueda, mediante Ley habilitante, regular algún tópico relativo a derechos fundamentales mediante Decretos con rango y fuerza de ley (no así con normas de rango sub legal dictadas por el Ejecutivo Nacional) que, a todo evento, han de estar enmarcados en los límites de la habilitación o autorización temporalmente conferida.

Por ello Casal (2006, 66) sostiene que "...la reserva legal impide no sólo a la administración sino también a los jueces recortar el libre ejercicio o disfrute de un derecho fundamental", en razón de lo cual considera criticable aquellas sentencias que niegan o reducen la aplicación o eficacia (respectivamente) de la tutela que la Constitución ofrece bajo el argumento de la carencia parcial o absoluta de desarrollo legislativo; así como también las decisiones que tergiversan el contenido constitucionalmente atribuido a un derecho fundamental, sosteniendo tal criterio en la necesidad de determinar el grado de vigencia de facultades relacionadas a aquel hasta tanto se genere la intervención legislativa.

Sin embargo, dicho autor considera ajustados aquellos fallos en los que, el operador jurídico debe decidir medidas de protección de un derecho que afectan derechos fundamentales en conflicto, bajo escenarios de omisión legislativa y solicitud de tutela directa de derechos constitucionales; siempre que la decisión judicial en cuestión "...concrete límites que la propia Constitución, expresa o implícitamente establezca" (Casal, 2006, p. 66).

Finalmente, concluye respecto del punto en análisis que "Al reservarse a la ley la limitación o restricción de un derecho fundamental, está vedado a los tribunales hacerlo mediante normas generales contenidas en sus sentencias" (Casal, 2006, p. 66).

En efecto, tal conducta se traduciría en la violación al principio de reserva legal, entendido éste como la retención de potestad conferida por el ordenamiento jurídico al cuerpo legislativo un Estado (o excepcionalmente al Ejecutivo mediante habilitación limitada) para que instrumente mediante el procedimiento constitucional previamente establecido un contenido específico –en este caso un derecho fundamental–.

En un sentido muy agudo, Correa (2003, p. 111) advierte lo siguiente:

La claridad de la garantía de la reserva de ley para la delimitación y limitación de los derechos fundamentales, ha suscitado empero dificultades cuando se introduce en su entendimiento lo previsto en otras disposiciones de la Carta que hacen referencia a competencias conexas del o de los legisladores (en el caso español). La complejidad que de ello se desprende, se plantea en todo caso como un problema *intra legem*, esto es, entre leyes orgánicas o estatutarias, leyes ordinarias y leyes autonómicas. Significa lo dicho, que no será la verificación o no del principio democrático como poder de decisión, el criterio para la solución de los posibles conflictos en la interpretación conjunta de tales normas, pues como leyes –en sentido material y formal– en todas se encuentra realizado. Habrán de ser entonces la diferencia entre la función que cumple el Estado cuando dicta leyes orgánicas o estatutarias de cuando lo hace respecto de las leyes ordinarias, el papel atribuido por el constituyente a unas ciertas mayorías parlamentarias y en España la distinción de competencias en las Cortes Generales y los parlamentos autonómicos, los criterios determinantes.

Respecto de la *determinación de la regulación* y el *carácter orgánico* de la ley, aspectos que están en estrecho vínculo con el punto antes abordado relativo a la reserva legal, Casal (2006, p. 67) afirma que con el primer elemento (determinación de la regulación) se refiere a que las limitaciones establecidas a los derechos humanos y/o fundamentales deben ser 'cabalmente conocidas' por sus titulares de suerte que tengan certeza "...sobre el ámbito de ejercicio lícito".

En cuanto al carácter orgánico, su consideración se basa en que este tipo de leyes tiene como uno de sus objetos, el desarrollo de derechos constitucionales, argumento que también sostiene Peces-Barba (2004) cuando afirma que los bienes constitucionales no sólo se encuentran en normas de propia Constitución, sino además en leyes orgánicas y en principios (*V.*, los principios de organización de poderes e instituciones).

Lo anterior exige –para la admisión del proyecto de ley respectivo– una mayoría calificada del cuerpo legislativo (entre nosotros que dos terceras partes de los diputados de la Asamblea Nacional estén *presentes antes de iniciarse la discusión* a tenor de lo establecido en el artículo 203 de la Constitución vigente).

Ahora bien, distintas han sido las disquisiciones doctrinarias y jurisprudenciales suscitadas tanto con el artículo 163 de la Constitución derogada del año 1961 como del actual artículo 203 de la Constitución vigente (normas que refieren a las denominadas leyes orgánicas).

Así, Caballero (1999) refiere a dos tipos de leyes orgánicas a la luz de la Constitución venezolana del año 1961; a saber: (i) Las establecidas por voluntad del Constituyente; y (ii) las referidas por voluntad del legislador diferencia de interés a los fines de determinar el carácter orgánico o no de las leyes dictadas por el Ejecutivo Nacional en el marco de una ley habilitante.

En efecto, según criterio de dicho autor, a la luz de la Constitución de 1961, al Ejecutivo Nacional no le estaba dada la facultad de dictar leyes orgánicas por voluntad del legislador, lo cual se debe a que:

> "...para ellas la norma constitucional ha exigido la mayoría absoluta de los miembros de cada Cámara al iniciarse en ellas el respectivo proyecto de ley. Insistimos, ello no es posible aun cuando la propia ley habilitante tenga el carácter de orgánica, pues tal categoría se le confiere sólo a dicha ley y la caracterización no puede ser extensible a otras leyes que serán dictadas por el Presidente de la República y no por el Congreso" (Caballero, 1999, p. 38).

De allí que concluya sostener lo contario sería violatorio de la disposición constitucional que establece las formalidades necesarias para las leyes orgánicas por voluntad del legislador; siendo que en consecuencia, un "...variado número de leyes orgánicas dictas por el Presidente de la República, previa habilitación del Congreso, deben considerarse simplemente como leyes ordinarias, salvo, claro está –insistamos en ello– que dichas leyes deban tener el carácter de orgánicas por mandato constitucional" (Caballero, 1999, p. 39).

También Peña (2005, p. 61) realiza un análisis muy crítico respecto de los principales problemas interpretativos que devienen en la regulación de las leyes orgánicas (en sus distintas sub-categorías) colocando el acento tanto en os desatinos como en los aciertos contenidos en distintos criterios de la Sala Constitucional del Tribunal Supremo de Justicia.

En efecto, pululan críticas sobre los criterios que a propósito de las leyes orgánicas ha venido desarrollando el más alto tribunal nacional. Casal (2006, p. 68) por ejemplo, comenta en torno a la decisión N° 1723 de la Sala Constitucional del Tribunal Supremo de Justicia de fecha treinta y uno (31) de julio de 2002 (Caso: *Ley Orgánica del Sistema Venezolano para la Calidad*) lo siguiente:

> Para la Sala el ámbito reservado a la ley orgánica no comprende todas las leyes que, rocen aspectos secundarios de algún derecho fundamental, ya sea por consagrar alguna modalidad en su ejercicio o por establecer ciertas condiciones o restricciones a su goce". Sólo se extiende a aquella regulación que constituya un desarrollo directo, global o en aspectos esenciales de tales derechos fundamentales o una restricción no autorizada por la propia Constitución de los mismos.

Así, el referido autor considera que al no aclarar dicha sentencia lo que significa 'restricciones no autorizadas por la constitución', tal expresión no debe ser interpretada como 'no permitidas por la constitución' sino que más bien debe entenderse como un 'condicionamiento de las posibilidades de goce o ejercicio' de un derecho constitucional que no deriva directamente de la Carta Magna sino de la legislación, cuyo establecimiento comporta un 'carácter constitutivo o cuasi-constitutivo'.

En criterio similar, Peña (2005) refiere a la decisión N° 2573 de la Sala Constitucional del Tribunal Supremo de Justicia de fecha dieciséis (16) de octubre de 2002 (caso *Ley Orgánica contra la Corrupción*) en los términos siguientes:

> ...es necesario admitir que la Sala Constitucional... corrigió aparentemente la primera tesis interpretativa, o sea, aquella que le sirvió para admitir la validez de las leyes orgánicas, cuando sólo regulaban **parcialmente los derechos constitucionales**. Para ello se valió de una tesis manejada en la doctrina española, y al respecto la corrección aparece planeada así: "... Por lo mismo y al hilo del razonamiento seguido hasta ahora, se declara que no podrá extenderse el sentido del primer párrafo del citado artículo 203 con el fin de dar cabida en él a proyectos de leyes orgánicas, que por ejemplo...**b) rocen aspectos secundarios de algún derecho fundamental**.... (negrillas del autor citado).

A pesar de lo anterior, dicho criterio opera intermitente, sin mayor desarrollo en la jurisprudencia de la Sala Constitucional e incluso con algún desacierto derivado del frecuente impulso importador-descontextualizado, en virtud del cual se procura adoptar localmente y en forma automática, interpretaciones sobre el contenido y alcance de instituciones jurídicas propias de sistemas extranjeros (con frecuencia el español) que no siempre son equiparables (y por tanto tampoco aplicables de manera directa) al régimen jurídico venezolano (*V.*, sentencia N° 0229 del fecha 14 de febrero de 2007, también citada a propósito del carácter no orgánico del Decreto con Rango, Valor y Fuerza de Ley Orgánica de Estabilidad en el Trabajo en decisión N° 1259 de fecha 31 de julio de 2008).

Finalmente, un último brebaje de análisis doctrinal se vierte sobre las leyes orgánicas; a saber: la jerarquía que corresponde a este tipo de normas. En efecto, contrario a la jerarquía que el 'saber común' asigna a las leyes orgánicas, Peña (2005) critica fuertemente la concepción tradicional sobre el punto reforzada tanto por la Corte Suprema de Justicia como por la Sala Constitucional del Tribunal Supremo de Justicia, concluyendo lo siguiente:

> En suma, en el estado actual de nuestro Derecho Constitucional, atribuirle un rango superior a las leyes orgánicas, como se declara en la sentencia bajo examen además de producir una ruptura en el atípico funcionamiento del principio de jerarquía normativa, significa convertirlas en "superleyes", pues de esa manera sólo por ostentar esa denominación estarían ubicadas teóricamente en un escalón intermedio entre la Constitución y las demás leyes nacionales, lo que conduciría a sostener a priori que cualquier conflicto que se suscitase entre una ley orgánica y cualquier otra ley debería resolverse aplicando preferentemente la primera... (Peña, 2005, p. 119-120).

En apretada síntesis, las disquisiciones doctrinarias respecto las leyes orgánicas pueden subsumirse en cuatro grandes categorías; a saber: (i) La posibilidad según la cual una Ley Habilitante conferida al Ejecutivo Nacional ostente o no el carácter de Ley Orgánica; (ii) las 'sub-categorías' de leyes orgánicas existentes en ambas constituciones; (iii) el control previo de constitucionalidad sobre el carácter de una Ley; y (iv) la jerarquía que corresponde a las leyes orgánicas. Sin duda, estos tópicos aunque apasionantes, exceden el objeto del presente libro en razón de lo cual no se ahondará en su contenido más allá de lo ya apuntado.

Habida cuenta el tratamiento de los aspectos formales (reserva legal, determinación o precisión de la regulación; y carácter orgánico de la ley) relativos a las condiciones para la limitación o restricción de los derechos fundamentales, corresponde atender a continuación, a los aspectos materiales que también devendrán en aplicables a propósito del derecho a la intimidad.

En criterio de Casal (2006, p. 69) desde el punto de vista material es menester tener en cuenta cuatro (4) requisitos de alcance general. El primero de ellos se refiere a la licitud del fin perseguido por el legislador al momento de fijar las limitaciones o restricciones a los derechos fundamentales. La exigencia aquí es respecto de la compatibilidad exigible respecto de los preceptos constitucionales "...y de los valores sobre los que gravitan".

Añade el autor antes referido, que la limitación no solamente debe estar en sintonía con los aspectos antes precisados, sino además con los tratados internacionales sobre derechos humanos. A este tenor, Villasmil (2007b, p. 746) refresca la importancia de la postura 'neo-monista' (aspecto más desarrollado por Rey, 2007, p. 93) en el ámbito de la tutela de los 'derechos *ius* fundamentales' de cara a la aplicación directa de las normas internacionales del Trabajo (NIT's), tras afirmar lo siguiente:

> Con el tiempo terminó por imponerse una visión más bien monista del orden jurídico, o neo-monista para ser más cautos; terminó por entenderse que las NIT's, incorporadas al orden interno, entran al tráfico jurídico con plena eficacia, reclaman una jerarquía –de aplicación– que guarda relación, a otras normas, si se le asignase prelación preferente servirán para resolver colisiones o para colmar lagunas del ordenamiento, en

fin, que serán recursos hermenéuticos insustituibles para resolver conflictos jurídicos, bien normativos propiamente o de aplicación.

Sobre este tópico se volverá *infra*, cuando corresponda hacer mención a los tratados internacionales que refieren al derecho a la intimidad. Ahora bien, de retorno a la licitud del fin perseguido por el legislador con el establecimiento de límites sobre derechos humanos y/o fundamentales, cabe discernir sobre si los derechos en cuestión tienen o no reserva legal, toda vez que en caso negativo sólo podrán ser limitados por otros derechos o bienes constitucionales, en tanto que contar con reserva legal podrán restringirse en labor legislativa.

Con relación a la proporcionalidad como segundo y muy importante requisito material a examinar de cara al establecimiento de limitaciones o restricciones a los derechos fundamentales, la Sala Constitucional del Tribunal Supremo de Justicia en su decisión N° 0379 de fecha siete (7) de marzo de 2007 que "...toda actividad del Estado debe ceñirse a un examen de razonabilidad y proporcionalidad para determinar su adecuación al Texto Constitucional".

Por lo tanto, conviene aquí estructurar las tres manifestaciones de dicho principio; a saber: (i) idoneidad, (ii) necesidad; y (iii) proporcionalidad en sentido estricto.

Respecto de la primera manifestación (*idoneidad*) según Casal (2006, p. 70) ello se refiere a "...un criterio fáctico en virtud del cual debe existir un cierto grado de probabilidad de que mediante la medida o previsión legal va a ser logrado el objetivo establecido expresa o implícitamente en la ley". Para dicho autor, los extremos inadecuados estarán en torno a: (i) La exigencia permanente en cuanto a la obtención del fin de la norma, o (ii) el alcance eventual, esporádico u ocasional del fin que persigue la norma.

En ese sentido, la decisión N° 379 de la Sala Constitucional del Tribunal Supremo de Justicia antes citada, refiere al criterio de razonabilidad por virtud del cual, la validez de la limitación y/o regulación radica en que la misma sea asumida bajo una orientación de corte garantista en vez de limitativa de los derechos fundamentales.

En cuanto a la *necesidad,* esta se refiere a la *inexorable* aplicación de limitaciones o restricciones a los derechos humanos y/o fundamentales, en virtud de la inexistencia de otras medidas menos gravosas para el derecho en cuestión que permitieren alcanzar el fin perseguido por aquellas.

Por último, en cuanto a la proporcionalidad en sentido estricto, Casal (2006, p. 76) señala lo siguiente:

> La proporcionalidad en sentido estricto conduce a un examen de la razonabilidad de la medida legalmente prevista considerada en su globalidad, mediante la ponderación de la limitación o restricción sufrida por el derecho, por un lado, y del fin que se busca alcanzar por el otro. Después de haber constatado la idoneidad y necesidad de la medida, debe determinarse si este fin es lo suficientemente significativo como para justificar la medida contemplada por la ley.

Es menester destacar, que bajo teorías relativas, el principio de proporcionalidad guarda relación de identidad respecto de la doctrina del contenido esencial. A este tenor, Bernal (2005, p. 562) explica que "De acuerdo con esta tesis, lo que es desproporcionado y sólo lo que es desproporcionado vulnera el contenido esencial. Dicho de otra manera, el contenido esencial es aquello que queda después de aplicar el principio de proporcionalidad".

En este mismo sentido advierte Martínez-Pujalte (1997, p. 20-22) que existen dos explicaciones (tanto en doctrina española como alemana) que procuran precisar el límite del contenido esencial. La primera de ellas (teoría relativa) señala que no existen elementos 'identificables' como 'contenido esencial' de un derecho humano y/o fundamental. Ello obedece a que para las teorías relativas, el contenido esencial no constituye una medida fija y preconcebida, no es estable ni conforma una parte autónoma del derecho fundamental. Se trata en realidad de una categoría conceptual que permite valorar la constitucionalidad o no de los límites que el legislador ha establecido a los derechos humanos y/o fundamentales.

Lo anterior, se sustenta en denominado 'test de razonabilidad' (principio de proporcionalidad en sentido amplio según la teoría alemana), el cual se compone de tres elementos; a saber:

…el examen de la adecuación de la medida limitadora al bien que mediante ella se pretende proteger; el examen de la necesidad de la lesión del derecho para el fin pretendido, por no existir una alternativa menos gravosa; y el denominado principio de <<proporcionalidad en sentido estricto>> (Martínez-Pujalte, 1997, p. 20-22).

Por su parte Alexy (2002, p. 288) precisa -a propósito del examen de la garantía del contenido esencial como restricción a las restricciones- lo siguiente:

Las teorías subjetivas del contenido esencial pueden ser absolutas o relativas. Según la teoría relativa, el contenido esencial es aquello que queda después de una ponderación. Las restricciones que responden al principio de proporcionalidad no lesionan la garantía del contenido esencial cuando en el caso particular no dejen nada del derecho fundamental. La garantía del principio fundamental se reduce al principio de proporcionalidad (el subrayado es de quien suscribe).

Entre nosotros, Casal (2006, p. 73) hace referencia a la intangibilidad del contenido esencial del derecho en los términos siguientes:

El tratamiento que ha recibido la categoría del contenido esencial en los países en el que tiene reconocimiento constitucional expreso no ha sido, sin embargo, del todo feliz. No existe claridad sobre cómo determinar el contenido esencial de cada derecho, ni la jurisprudencia ofrece muestras de que ello sea posible. De ahí que se haya desarrollado la teoría relativa sobre el contenido esencial de los derechos fundamentales. Según esta el contenido esencial equivale en sus implicaciones jurídicas al juicio de proporcionalidad en sentido estricto o juicio de ponderación entre medios y fines… (teoría compartida por quien suscribe y que servirá de base para el análisis de los capítulos subsiguientes).

De allí que como bien afirme Peces-Barba (2004, p. 322) no resulta sencillo definir *a priori* cuál es el contenido esencial de los derechos fundamentales, no sólo por tratarse de un concepto jurídico indeterminado, sino además porque tal cuestión devendría en la imperiosa necesidad de precisar un contenido que resulta "propio y diferenciado" entre cada derecho.

Con todo, frecuentemente se presentan esfuerzos de cara a la precisión de contenidos propios de un derecho fundamental. A título de ejemplo y aunque respecto de la vida privada y no propiamente sobre el derecho a la intimidad, Tamayo (1999, p. 48) en referencia a Novoa Monreal enumera una lista bastante extensa de lo que en su decir son los componentes que conforman la vida privada. Sin embargo, dicha tesis no está exenta de críticas doctrinarias (*V.*, Rafael Ortiz-Ortiz 2002, 99).

Ahora bien, en lo que al derecho de intimidad respecta, merece destacarse el Informe de la Comisión de Calcutt sobre Intimidad y Cuestiones Afines) referido por Riquert (2003, p. 49) según el cual:

...el derecho a la intimidad sirva para que se lo proteja de:

- la intromisión física

- la publicación de un material personal que se pudiese considerar perjudicial o embarazoso (ya sea verdadero o no);

- la publicación de un material inexacto o engañoso; y

- la publicación de fotografías o grabaciones de un individuo que hayan sido realizadas sin su consentimiento.

Finalmente, un cuarto requisito material se presenta en el examen de las condiciones para la limitación o restricción de los derechos fundamentales; a saber: *la compatibilidad con el sistema democrático*, aspecto que se desprende de su común llamamiento en distintos Tratados y Pactos en materia de derechos humanos y/o fundamentales. Casal (2006, p. 80) afirma sobre este particular que "La finalidad de la ley limitativa debe concordar con los principios democráticos, y la ponderación entre el medio empleado y el fin que se pretende obtener ha de realizarse a la luz del orden de valores propios de una democracia".

    c.   *Aspectos elementales relativos a Tratados, Pactos y Convenciones en materia de derechos humanos y/o fundamentales*

Referir a instrumentos internacionales en materia de derechos humanos y/o fundamentales conlleva a un doble planteamiento del que es preciso dar cuenta; a saber: (i) La calificación de las disposiciones contenidas en Tratados, Pactos y Convenciones Internacionales; y (ii) la precisión del orden jerárquico asignable a dichos instrumentos normativos habida cuenta la tesis del bloque de constitucionalidad.

Respecto del primer punto y sin ánimo de allanar las diferencias doctrinarias planteadas entre dualistas y monistas –muchas de las cuales ya tienen solera– en entender de quien suscribe, el sistema jurídico venezolano corresponde más bien a la llamada por Rey (2007) *tesis coordinadora* (nombre que recibe de la función en que está inscrita, esto es, conjugar adecuadamente el Derecho Internacional y el Interno). Dicha tesis plantea una *coordinación bajo un orden jurídico común* que no es otro sino el Derecho natural (*V.*, Antonio Truyol y Miaja de la Muela referidos por el autor antes citado). En efecto, Rey (2007, p. 109) determina lo siguiente:

> ...el Derecho internacional y el Derecho interno están subordinados a un orden superior: el Derecho natural, el cual es el fundamento de ambos derechos coordinados entre sí en un equilibrio armónico. Además, la escuela del Derecho natural ha sido la fundadora del Derecho constitucional según Bidart Campos. Sin embargo, si se trata de derechos humanos, el Derecho interno no podrá ser contrario al Derecho internacional (de los derechos humanos).

Por lo tanto, dicha tesis no está reñida con la posibilidad de referir a la incorporación automática y por ende aplicación directa por parte de los operadores jurídicos de las normas de Derecho Internacional, sino que por el contrario la promueve.

Para el profesor Villasmil (2007b, p. 748), la aplicación directa del precepto:

...guardará relación obvia con la construcción lógica-formal de la norma y se deducirá si fuese ella del tipo de disposiciones *self executing provisions* lo que justificaría su invocabilidad directa, no solo en la demanda propiamente (o en la pretensión) sino en la fundamentación o motivación del fallo.

De allí que el precitado autor ensalce la tesis del *plexo normativo* sostenida por maestro Germán Bidart Campos, según la cual se entreteje una red *fuente internacional-fuente interna* que:

...enriquece potencialmente al sistema, y obliga a interpretarlo siempre con tendencia a buscar, encontrar y aplicar la norma que desde cualquier fuente apta, responde al principio pro-homine; o sea, al principio de mayor favor para la persona cuyos derechos o libertades se trata de interpretar, y también de aplicar>> y ello es así, continúa <<no solamente cuando esa interpretación aplicativa está a cargo de los organismos internacionales competentes (...) sino también cuando incumbe a órganos internos de un Estado>> (Villasmil, 2007b, p. 748).

Con relación a *la precisión del orden jerárquico asignable* a dichos instrumentos normativos habida cuenta la tesis del bloque de constitucionalidad, es preciso tener en cuenta –para el caso venezolano– el contenido normativo de los artículos 154, 153 y 23 de la Constitución vigente.

Salvo la excepción de aquellos tratados a través de los cuales se procure ejecutar o perfeccionar obligaciones preexistentes, aplicar principios expresamente reconocidos por la República, ejecutar actos ordinarios en las relaciones internacionales o ejercer actos facultades que la ley atribuya expresamente al Ejecutivo Nacional (ex artículo 154 del Texto Fundamental), la regla es que aquellos tratados que celebre la República deben ser aprobados por el cuerpo legislativo nacional antes de ser ratificados por el Ejecutivo Nacional.

De tal suerte que (ex artículo 153 de la Carta Magna) las normas adoptadas en el marco de acuerdos de integración son consideradas "...parte integrante del ordenamiento legal y vigente y de aplicación directa y preferente a la legislación interna" (tesis coordinadora o neo-monista con prevalencia del régimen jurídico internacional, basada en la teoría del bloque de constitucionalidad).

Ahora bien, dicho artículo, tras precisar la incorporación de la norma internacional adoptada en el marco de un acuerdo de integración (ordenando además su aplicación directa y preferente) no fue meridiano en la jerarquización de la misma (quizá, por exceso de rubor del constituyente). Cuestión distinta se presenta en el artículo 23 de la Carta Fundamental, donde se estableció lo siguiente:

> Los tratados, pactos y convenciones relativos a derechos humanos, suscritos y ratificados por Venezuela, tienen jerarquía constitucional y prevalecen en el orden interno, en la medida en que contengan normas sobre su goce y ejercicio más favorables a las establecidas por esta Constitución y en las leyes de la República, y son de aplicación inmediata y directa por los tribunales y demás órganos del Poder Público.

Este artículo sin embargo, ha sido objeto de las más variopintas consideraciones (no exentas de desatinos y hasta contradicciones) algunas de las cuales han tenido *eco* en la Sala Constitucional del Tribunal Supremo de Justicia, mereciendo la pena destacar la decisión N° 1942 de fecha quince (15) de julio de 2003 la cual no comparte quien suscribe, dado que su orientación interpretativa nos resulta opuesta al mandato del constituyente.

A los fines de explicar la postura antes asumida, a continuación se transcriben algunos pasajes de dicha decisión, con las respectivas observaciones que merecen ser destacadas:

En primer lugar, la sentencia *in comento* luego de transcribir el contenido del artículo 23 de la Constitución vigente afirma lo siguiente:

En materia de derechos humanos, adquieren rango constitucional, equiparadas a normas contenidas en la Constitución,
las disposiciones de los Tratados, Pactos y Convenciones relativos a derechos humanos, suscritos y ratificados por Venezuela que resulten más favorables a las establecidas en nuestra
Carta Magna o en las leyes nacionales. Así, dichas normas,
producto de acuerdos escritos celebrados entre Estados y regidos por el Derecho Internacional, se incorporan al derecho interno.

En efecto, compartimos parte de la afirmación efectuada
por la Sala en el sentido de asignar a los Tratados, Pactos y
Convenciones suscritos y ratificados por Venezuela en materia
de derechos humanos *rango constitucional*. Ahora bien, no es
cierto que el 23 constitucional condicione dicha jerarquía a que
tales instrumentos internacionales resulten más favorables
respecto del desarrollo de la Carta Magna.

Baste leer el artículo 23 reproducido *ut supra*, para entender que la máxima es la jerarquía o rango constitucional de
dichos instrumentos internacionales; y que la condición "en la
medida que contengan normas sobre su goce y ejercicio más
favorables" se refiere únicamente a la prevalencia de los Tratados Pactos y Convenciones respecto de la Constitución y
demás leyes de la República.

La misma decisión da cuenta de ello, cuando posteriormente afirma en un pasaje posterior precisa lo siguiente:

Dichas disposiciones, al igual que la Constitución, se aplican
en Venezuela inmediata y directamente, siempre que sean más
favorables para las personas, que los derechos constitucionales, o los derechos humanos contemplados en nuestras leyes; y
muchas veces ante antinomias o situaciones ambiguas entre
los derechos contenidos en los instrumentos internacionales
señalados y la Constitución, corresponderá a la Sala Constitucional interpretar cuál es la disposición más favorable.

En segundo lugar, la parte final del extracto de la sentencia en análisis indica que esa es la forma en que las normas que
resultan de los acuerdos entre Estados –regidos por Derecho

Internacional– *se incorporan al derecho interno*. Atención, porque nada más referir al verbo 'incorporar' deviene en la diferenciación entre Derecho Internacional y Derecho Interno lo que a renglón seguido informa sobre que la Sala no es del criterio de la tesis coordinadora, neo-monista o basada en el plexo normativo a que refiere Bidart Campos (elemento que se refuerza más adelante en otro pasaje de la decisión).

Posteriormente el fallo N° 1942 de la Sala Constitucional del Tribunal Supremo de Justicia de fecha quince (15) de julio de 2003 indica lo siguiente:

> A juicio de la Sala, dos elementos claves se desprenden del artículo 23: 1) Se trata de derechos humanos aplicables a las personas naturales; 2) Se refiere a normas que establezcan derechos, no a fallos o dictámenes de instituciones, resoluciones de organismos, etc., prescritos en los Tratados, sino sólo a normas creativas de derechos humanos.

Se disiente a totalidad del pasaje antes reproducido, porque no es verdad que el artículo 23 constitucional se encuentre delimitado a las personas naturales, tesis que de sostenerse limitaría en forma sensible todo el desarrollo doctrinario en materia de la *eficacia de los derechos fundamentales entre particulares* de raigambre alemana (Drittwirkung) y adoptada por diversos regímenes jurídicos tanto en países europeos como americanos con distintos grados de evolución (*V.*, Estrada, 2000).

Por lo tanto, no deja de ser un capricho delimitativo del operador jurídico, que coloca en riesgo de *vaciamiento progresivo de contenido* al postulado constitucional original, situación que puede agudizarse en posteriores y sucesivas interpretaciones que partan de tal premisa.

En segundo lugar, es discutible que únicamente se incorpore la norma internacional que establece el derecho y no los fallos, dictámenes u opiniones consultivas producidos con ocasión de su interpretación. Somos de la tesis opuesta, fundada en la *'vis atractiva'* a que refiere Villasmil (2007b, p. 749) según la cual, un Tratado, Pacto o Convenio Internacional envuelve la incorporación de "...toda la doctrina y jurisprudencia que los órganos internacionales de aplicación o de control, judiciales o no, hayan levantado...".

La Sala Constitucional sin embargo, ratifica la exclusión de fallos dictámenes u opiniones inherentes a los Tratados, Pactos y Convenciones Internacionales (en lo sucesivo normas internacionales) basando su argumentación en: (i) Un concepto equívoco de soberanía, (ii) una interpretación errónea del artículo 23 de la Constitución vigente que visto así se presenta al 7 *ejusdem* en relación de supuesta contradicción; y (iii) su función como último intérprete de la constitución. En efecto, indica el fallo en análisis que:

> A las decisiones de esos organismos se les dará cumplimiento en el país, conforme a lo que establezcan la Constitución y las leyes, siempre que ellas no contraríen lo establecido en el artículo 7 de la vigente Constitución ...a pesar del respeto del Poder Judicial hacia los fallos o dictámenes de esos organismos, éstos no pueden violar la Constitución de la República Bolivariana de Venezuela, así como no pueden infringir la normativa de los Tratados y Convenios, que rigen esos amparos u otras decisiones...

> De allí que erradamente concluye la Sala Constitucional que si bien existe una prevalencia de las normas internacionales relativas a derechos humanos y/o fundamentales, ello no involucra los informes u opiniones consultivas de los organismos internacionales que las interpreten, ya que al 'integrarse' a la Constitución vigente el <u>único capaz de interpretarlas</u> –en el derecho venezolano– es "...el juez constitucional, conforme al artículo 335 de la vigente Constitución, en especial, al intérprete nato de la Constitución de 1999, y, que es la Sala Constitucional, y así se declara".

> Finalmente –agrega la Sala Constitucional en forma ajena al debate planteado– que por encima del Tribunal Supremo de Justicia y con base al artículo 7 de la Carta Magna, no existe ningún órgano jurisdiccional, de suerte que si "la decisión internacional contradice las normas constitucionales venezolanas, <u>carecen de aplicación en el país</u>" (el subrayado es de quien suscribe.

Creemos que la cuestión no gira en torno a la precisión de la jerarquía del Tribunal Supremo de Justicia 'Vs' los órganos internacionales, eso no está en debate. Se trata más bien de determinar el rango de las normas contenidas en Tratados, Pactos y Convenciones Internacionales *suscritas y ratificadas por Venezuela* (texto expreso del 23 Constitucional) donde la respuesta de la referida Sala se nos antoja ajena al espíritu del constituyente, siendo que además refleje una interpretación inadecuadamente dilatada en cuanto al alcance de sus competencias.

Extremando los efectos de la postura que sostiene la Sala Constitucional de cara a la interpretación del artículo 23 de la Carta Magna, afirma además que es ella "...quien determina cuáles normas sobre derechos humanos de esos tratados, pactos y convenios, prevalecen en el orden interno; al igual que cuáles derechos humanos no contemplados en los citados instrumentos internacionales tienen vigencia en Venezuela". Y continúa la decisión en análisis afirmando lo siguiente:

> Si un organismo internacional, aceptado legalmente por la República, amparara a alguien violando derechos humanos de grupos o personas dentro del país, tal decisión tendría que ser rechazada aunque emane de organismos internacionales protectores de los derechos humanos. Es posible que si la República así actúa, se haga acreedora de sanciones internacionales, pero no por ello los amparos o los fallos que dictaran estos organismos se ejecutarán en el país, si ellos resultan violatorios de la Constitución de la República y los derechos que ella garantiza.

Sobre este particular, también se disiente toda vez que como bien lo afirma el tratadista argentino Germán Bidart Campos referido por Rey (2007, p. 127): "Cuando en el derecho interno se otorga prioridad al derecho internacional por sobre la Constitución [Cuestión que se desprende de forma clara en la redacción del 23 constitucional], es indudable que no hay control constitucional sobre el derecho internacional. Dicho de otro modo, el Derecho Internacional no es susceptible de ser declarado inconstitucional" (el corchete es de quien suscribe).

Por lo tanto, a pesar de la decisión dictada por la Sala Constitucional del Tribunal Supremo de Justicia antes analizada y de la cual se ha disentido razonadamente, se sostiene que en materia de derechos humanos, los tratados y pactos *suscritos y ratificados* por Venezuela, tienen rango constitucional (no supra-constitucional como afirma un sector de la doctrina) siendo aplicables de forma inmediata y directa por los operadores jurídicos y demás órganos del Poder Público.

Ello finalmente, traerá dos efectos: (i) La ausencia de control constitucional sobre el derecho internacional (tesis de Bidart Campos) esto es, la imposibilidad de declaratoria de inconstitucionalidad; y (ii) la incorporación de "...toda la doctrina y jurisprudencia que los órganos internacionales de aplicación o de control, judiciales o no, hayan levantado a partir de ellas" (vis atractiva según Villasmil, 2007b, p. 749).

En apretada síntesis, la naturaleza jurídica del derecho a la intimidad corresponde a un derecho humano y/o fundamental; y por tanto, sus restricciones o limitaciones vendrán dadas con arreglo a los aspectos formales y materiales, teniendo en consideración –entre otros– el test democrático del cual informan diversas normas internacionales en dicha materia, que se constituyen en fuente de derecho en Venezuela bajo la tesis coordinadora o neo-monista con todas las implicaciones que ella apareja.

3.   *El derecho a la intimidad en Venezuela*

Atendidas como han sido la definición y naturaleza jurídica del derecho a la intimidad, corresponde en el presente acápite revisar la positivización de dicho derecho en el régimen jurídico venezolano, partiendo para ello de los normas internacionales, así como también de la exégesis del articulado constitucional, para de una forma deductiva, completar su aproximación en el ámbito de las relaciones laborales.

A. *Normas internacionales que informan sobre el derecho a la intimidad*

No son pocos los instrumentos internacionales que integran el acervo normativo referido al derecho a la intimidad, aunado a que su tratamiento jurídico se presenta bajo la locución 'vida privada'. A continuación se hace referencia a dichos Tratados, Pactos y Convenciones con la expresa reserva de rigor sobre la diferencia conceptual entre vida privada y derecho a la intimidad esbozada al inicio del presente capítulo.

En primer lugar, es menester referir a la Declaración Universal de los Derechos del Hombre adoptada y proclamada por la Resolución de la Asamblea General 217 A (iii) de la Organización de las Naciones Unidas en fecha diez (10) de diciembre de 1948. Dicho texto contempla en su artículo 12 que nadie será "...objeto de injerencias arbitrarias en su vida privada, su familia, su domicilio o su correspondencia, ni de ataques a su honra o a su reputación. Toda persona tiene derecho a la protección de la ley contra tales injerencias o ataques".

De la redacción anterior se verifica el amparo o tutela desde la perspectiva de los derechos humanos y/o fundamentales al establecimiento de una esfera llamada 'vida privada' (dentro de la que se encuentra la intimidad) respecto de la cual terceros (Estado y particulares) ostentan un deber de abstención –de no injerencia–, siendo que corresponda al cuerpo legislativo instrumentar las protecciones de cara restringir/prohibir dichas injerencias o ataques.

En la Carta de los Derechos Fundamentales de la Unión Europea proclamada por el Consejo, el Parlamento Europeo y la Comisión durante la Cumbre Europea de Niza en diciembre de 2000, se presentó el desarrollo de estos elementos bajo la siguiente estructura: (i) Un artículo 7 referido al respeto a la vida privada y familiar (Toda persona tiene derecho al respeto de su vida privada y familiar, de su domicilio y de sus comunicaciones); y (ii) un artículo 8 destinado a la instrumentación de la protección de datos de carácter personal. Este último del siguiente tenor:

1. Toda persona tiene derecho a la protección de los datos de carácter personal que la conciernan. 2. Estos datos se tratarán de modo leal, para fines concretos y sobre la base del consentimiento de la persona afectada o en virtud de otro fundamento legítimo previsto por la ley. Toda persona tiene derecho a acceder a los datos recogidos que la conciernan y a su rectificación. 3. El respeto de estas normas quedará sujeto al control de una autoridad independiente.

Así también, la Declaración Americana de los Derechos del Hombre adoptada en la Novena Conferencia Internacional Americana celebrada en el año 1948 en la ciudad de Bogotá, refirió en su artículo V al derecho a la vida privada en los términos siguientes: "Toda persona tiene derecho a la protección de la ley contra los ataques abusivos a su honra, a su reputación y a su vida privada familiar".

El Pacto Internacional de Derechos Civiles y Políticos, adoptado y abierto a la firma, ratificación y adhesión por la Asamblea General de la Organización de las Naciones Unidas en su resolución 2200 A (XXI), de fecha dieciséis (16) de diciembre de 1966 y que entró en vigor el veintitrés (23) de marzo de 1976 contiene en su artículo 17 la siguiente redacción:

1. Nadie será objeto de injerencias arbitrarias o ilegales en su vida privada, su familia, su domicilio o su correspondencia, ni de ataques ilegales a su honra y reputación.

2. Toda persona tiene derecho a la protección de la ley contra esas injerencias o esos ataques.

De la redacción anterior se desprende que el derecho en análisis no comporta un carácter absoluto, dado que la prohibición estriba en "injerencias arbitrarias o ilegales", siendo que se repita en el segundo inciso el deber del cuerpo legislativo relativo a la protección frente a tales injerencias o ataques.

Por fin corresponde referir a la Convención Americana Sobre Derechos Humanos (conocida como el Pacto de San José) adoptada el veintidós (22) de noviembre de 1969, ratificada por Venezuela el veintitrés (23) de junio de 1977 con depósito de fecha nueve (9) de agosto del mismo año y en vigor desde el dieciocho (18) de julio de 1978.

En el artículo 11 (segundo inciso) de dicho instrumento, se hace referencia a la *Protección de la Honra y de la Dignidad* en los siguientes términos: "Nadie puede ser objeto de injerencias arbitrarias o abusivas en su vida privada, en la de su familia, en su domicilio o en su correspondencia, ni de ataques ilegales a su honra o reputación". Dicha fórmula es repetida en el tercer inciso cuando se afirma que toda persona tiene derecho a la protección de la ley contra las injerencias y ataques contra el referido derecho.

A modo específico, se ha instrumentado también dicho derecho en otras materias. Verbigracia, el artículo 16 de la Convención Internacional de los Derechos del Niño adoptada y abierta a la firma y ratificación por la Asamblea General en su Resolución 44/25, de fecha veinte (20) de noviembre de 1989, en vigor desde el dos (2) de septiembre de 1990 y ratificada por Venezuela el trece (13) de septiembre de 1990.

También en una fórmula específica, el Anexo II de la Declaración final de consenso de la Consulta Paneuropea sobre el VIH/SIDA en el Contexto de la Salud Pública y los Derechos Humanos de noviembre de 1991 (Declaración de Praga) refiere al derecho planteado en su acápite B), afirmando –a propósito de la ética y responsabilidad profesional– lo siguiente:

Puesto que entre las obligaciones que imponen los instrumentos jurídicos internacionales sobre derechos humanos figura la obligación de los Estados de garantizar la protección contra una interferencia arbitraria en el disfrute del derecho a la intimidad, los Estados miembros deberán examinar sus leyes y prácticas actuales con miras a proporcionar las salvaguardias necesarias para proteger el carácter confidencial de los servicios de atención de salud y bienestar social a todos los niveles.

Como corolario de la revisión anterior se tiene que:

i. La regulación en instrumentos internacionales sólo contempla postulados generales;

ii. Dichos postulados consagran el derecho a la vida privada y dentro de este –a la luz de las precisiones conceptuales sostenidas por quien suscribe- el derecho a la intimidad;

iii. Siendo el contenido comúnmente reflejado la prohibición de injerencias del Estado y particulares;

iv. Denotándose el carácter no absoluto de la misma, toda vez que en algunos de los instrumentos examinados se circunscriba sólo a aquella injerencia de carácter ilegal, arbitraria o abusiva;

v. Especificándose la obligación del cuerpo legislativo en torno al establecimiento de un régimen normativo que materialice dicha protección;

vi. La cual refiere no solo a la vida privada, sino además a la familia, domicilio y correspondencia (aspecto de especial protección en la Carta de los Derechos Fundamentales de la Unión Europea proclamada por el Consejo, el Parlamento Europeo y la Comisión durante la Cumbre Europea de Niza en diciembre de 2000, mediante *la protección de datos de carácter personal* bajo un artículo que resulta más adaptado a los cambios producidos en la sociedad actual).

Por su parte, la Organización Internacional del Trabajo (OIT) ha instrumentado en el artículo 6 del Convenio No. 181 (adoptado el 19 de junio de 1997 y aun no ratificado por Venezuela) que el tratamiento de los datos personales de los trabajadores por las agencias de empleo privadas debe efectuarse en condiciones que protejan los datos de las personas con arreglo al respeto de la vida privada de los trabajadores de conformidad con el régimen jurídico del Estado respectivo; limitándose por tanto, a las cuestiones relativas a calificaciones y experiencia profesional del trabajador respectivo así como también cualquier otra información directamente pertinente.

En ese mismo sentido, los puntos once (11) y doce (12) de la Recomendación No. 188 de la OIT sobre agencias privadas han referido lo siguiente:

11. Se debería prohibir a las agencias de empleo privadas que consignen en ficheros o en registros datos personales que no sean necesarios para juzgar la aptitud de los candidatos respecto de los empleos para los que estén siendo o podrían ser tomados en consideración.

12. 1) Las agencias de empleo privadas deberían conservar los datos personales de un trabajador únicamente mientras esté justificado por los fines concretos para los cuales hayan sido recabados, o únicamente mientras el trabajador desee figurar en una lista de candidatos a un puesto de trabajo.

2) Se deberían adoptar medidas para asegurar el acceso de los trabajadores a todos sus datos personales, tal y como se conservan en los sistemas de tratamiento automático o electrónico o en ficheros manuales. Estas medidas deberían contemplar el derecho de los trabajadores a examinar y obtener copia de estos datos así como el derecho a solicitar que se supriman o rectifiquen los datos inexactos o incompletos.

3) Excepto cuando guarden relación directa con los requisitos de una profesión determinada, y cuenten con el permiso explícito del trabajador afectado, las agencias de empleo privadas no deberían pedir, conservar ni utilizar los datos sobre las condiciones de salud de un trabajador, ni tampoco utilizar esos datos para determinar la aptitud de un trabajador para el empleo.

Por lo demás, resulta un tópico poco explorado aun en el marco normativo de la OIT, si bien en distintos informes, trabajos, comunicaciones y revistas de dicha organización, se reconoce la importancia de este aspecto sobretodo de cara a las nuevas formas de prestación de servicios por cuenta ajena y bajo dependencia de otro (*V.*, *La Revista 'Trabajo'* N° 57 de la OIT correspondiente al mes de septiembre de 2006 en el artículo intitulado "Estar limpio: controles de consumo de drogas y alcohol en el lugar de trabajo", p. 33 y ss.).

B. *Exégesis del articulado constitucional en materia de derecho a la intimidad*

En cuanto al tratamiento del derecho a la intimidad en la Constitución venezolana vigente, debe mencionarse –prima facie- el artículo 60, el cual informa lo siguiente:

Artículo 60. Toda persona tiene derecho a la protección de su honor, vida privada, intimidad, propia imagen, confidencialidad y reputación.

La ley limitará el uso de la informática para garantizar el honor y la intimidad personal y familiar de los ciudadanos y ciudadanas y el pleno ejercicio de sus derechos.

La norma antes transcrita es resultado del proceso constituyente del año 1999, siendo el texto del proyecto inicial sustancialmente distinto al definitivamente aprobado, cambios sólo explicables a través de la revisión de las Actas de Debate de la Asamblea Nacional Constituyente (ANC) respectivas.

En efecto, la redacción original contenida en el proyecto inicial era del siguiente tenor: "Artículo 62. Se garantiza el derecho al honor, a la intimidad, vida privada en cuanto a aquellos actos que no trasciendan al interés público o social y a la propia imagen así como la privacidad y confidencialidad" y fue en la sesión correspondiente al día veintitrés (23) de octubre de 1999 cuando Guillermo García Ponce inició su intervención como miembro de la ANC advirtiendo las deficiencias contenidas en la redacción original, siendo que su propuesta se reducía a la siguiente redacción: "Toda persona tiene derecho a la protección de su honor, privacidad, confidencialidad y reputación".

Dicha redacción excluía diversos elementos y entre ellos el derecho a la intimidad, lo que hizo merecimiento de importantes observaciones en pleno debate siendo notable la formulada por Brewer-Carías en los términos siguientes:

…uno de los avances más importantes en el campo del derecho derivado de la personalidad es este el derecho a vida privada y a la intimidad que implica también el derecho a la pro-

107

pia imagen. Estoy de acuerdo en que el artículo está mal redactado, pero no creo que debemos quitar de a redacción el concepto de intimidad, propia imagen, vida privada y honor.

En sesiones posteriores, se incorporó a la estructura del debate del referido artículo a raíz de la intervención de dos de los integrantes de la ANC (David Figueroa y Elías Jaua), un contenido adicional consistente en la reserva legal en torno a la limitación de uso de la informática en resguardo del honor y la intimidad (personal y familiar) que a la postre se convirtió en el único aparte del actual artículo 61.

Corolario de lo antes expuesto, el artículo 60 constitucional no sólo refleja el reconocimiento del derecho a la intimidad, sino que además revela la diferencia atendida al inicio del presente capítulo–aunque no debatida a plenitud por la ANC– entre intimidad y vida privada, al tiempo que coloca una reserva legal, no configurada para limitar el derecho a la intimidad, sino más bien de cara a su protección frente al uso de herramientas informáticas.

Situación similar se presenta en el artículo 143 constitucional a propósito de la instrumentación del derecho a la información administrativa y acceso a la documentación oficial. En efecto, la referida norma refiere a la intimidad como límite respecto del acceso a los archivos y registros administrativos en los términos siguientes "Asimismo, tienen acceso a los archivos y registros administrativos, sin perjuicio de los límites aceptables dentro de una sociedad democrática en materias relativas a seguridad interior y exterior, a investigación criminal y a la intimidad de la vida privada...".

Sin embargo hay que decir que el debate en la ANC sobre el artículo *in comento* no fue fértil en cuanto al tratamiento del derecho a la intimidad, sino que estuvo orientado a otros aspectos igualmente importantes contenidos en la norma.

C.   *Normas de rango legal y sublegal referidas al derecho a la intimidad (especial referencia al ámbito de las relaciones laborales)*

No son pocas las referencias sobre el derecho a la intimidad las que se hallan contenidas en las distintas normas de rango legal y sublegal vigentes en Venezuela para el momento de elaboración del presente trabajo, las cuales resultan clasificables en las siguientes categorías:

1.1   *Garantías de orden procesal:* Referidas básicamente al trato de la información ventilada en el litigio, así como también a la obtención de pruebas Entre ellas puede citarse los siguientes ejemplos:

   (i)   Artículos 181 y 316 del Código Orgánico Procesal Penal publicado en la *Gaceta Oficial* No. 6.078 (Extraordinario) de fecha quince (15) de junio de 2012 referidos a la licitud de la prueba y la publicidad del debate oral.

   (ii)   El numeral 5 del artículo 5 de la derogada Ley Orgánica del Tribunal Supremo de Justicia de la República Bolivariana de Venezuela, publicada en *Gaceta Oficial* No. 37.942 (Ordinario) de fecha veinte (20) de mayo de 2004,

   (iii)   Las Normas Generales del Archivo del Ministerio de Relaciones Exteriores publicado *Gaceta Oficial* No. 4.683 (extraordinario) de fecha primero (1°) de febrero de 1994.

   (iv)   Las Directrices Generales para garantizar la protección de los Niños, Niñas y Adolescentes contra el Abuso Sexual y la Explotación Sexual Comercial publicada en la *Gaceta Oficial* No. 37.815 (ordinario) de fecha doce (12) de noviembre de 2003, cuyo artículo 11 referencia a su vez a la Convención sobre los Derechos del Niño (*ex* artículo 8) en lo relativo a la protección de la intimidad e identidad de niños víctimas, instando a los Estados a la adopción de medidas para evitar la divulgación de información que conduzca a su identificación.

(v) El artículo 17 de los Lineamientos para Garantizar la Protección de los Niños, Niñas y Adolescentes contra la Pornografía infantil como forma de explotación sexual comercial, publicada en *Gaceta Oficial* N° 38.753 (Ordinario) de fecha veintitrés (23) de agosto de 2007.

1.2 *Protección de datos y sus respectivas vertientes:* Cuyas normas tienen por objeto consagrar el deber de sigilo respecto del contenido o información suministrada por terceros a instituciones, órganos o entes -públicos o privados según fuere el caso-, como mecanismo de protección del derecho a la intimidad (aunque no exento de limitaciones). Corresponde a este grupo las normas que a continuación se identifican:

(i) Los artículos 13 y 14 de la Ley Orgánica contra la Delincuencia Organizada publicada en *Gaceta Oficial* N° 39.912 (Ordinario) de fecha treinta (30) de abril de 2012.

(ii) Artículos 9 y 20 de la Ley de la Función Pública Estadística publicada en la *Gaceta Oficial* N° 37.321 (Ordinario) de fecha nueve (9) de noviembre de 2001,

(iii) Artículo 86 de las Normas relativas a la Administración y Fiscalización de los riesgos relacionados con los delitos de legitimación de capitales y financiamiento al terrorismo aplicables a las Instituciones reguladas por 'esta Superintendencia', publicada en la *Gaceta Oficial* N° 39.494 (Ordinario) de fecha veinticuatro (24) de agosto de 2010.

1.3 *Derechos de los sujetos penalmente procesados:* Entendido –básicamente- como invocaciones con arreglo a la justificación de mínimos indisponibles aplicables a los sujetos en cumplimiento de medidas privativas de libertad. Dentro de dicha categoría se encuentra el numeral 16 del artículo 7, así como también los artículos 15, 27 y 33 de los Lineamientos Generales que contienen las orientaciones que deben considerarse en las Entidades de Atención que ejecutan la medida de privación de libertad para Adolescentes en conflicto con la Ley Penal, publicado en *Gaceta Oficial* 37.590 (Ordinario) de fecha doce (12) de diciembre de 2002.

1.4 *Relativas al ingreso y/o selección:* Existentes en el ámbito de lo público, esencialmente circunscrita a situaciones precontractuales, esto es, respecto del tratamiento de la información producida con ocasión de evaluaciones psicológicas y regímenes concursales, lo que no necesariamente implica desconocimiento sobre el despliegue de prácticas empresariales similares sobre dicha materia en el ámbito de las relaciones de trabajo del sector privado, pues como afirma Torres (2003, 228) es un hecho que el patrono o empleador acopia datos personales de sus trabajadores, extrabajadores y aspirantes a empleos. Corresponden a este grupo, las siguientes normas:

(i) Artículos 22 y 31 de las Normas de evaluación para el Ingreso a la Jurisdicción Militar publicada en *Gaceta Oficial* N° 37.232 (Ordinario) de fecha tres (3) de julio de 2001.

(ii) Artículos 24 y 38 de las Normas de Evaluación y Concursos de Oposición para el Ingreso y Permanencia en el Poder Judicial, publicada en la *Gaceta Oficial* N° 36.910 (Ordinario) de fecha catorce (14) de marzo de 2000 referidos a la evaluación psicológica y confidencialidad respectivamente; y

(iii) El artículo 19 de las Normas de Evaluación y Concurso de oposición para el Ingreso y Ascenso a la Carrera Judicial publicada en la *Gaceta Oficial* N° 38.282 (Ordinario) de fecha veintiocho (28) de septiembre de 2005 que incorpora en su contenido las evaluaciones médicas practicadas a los aspirantes.

(iv) El artículo 27 de las Normas del Concurso Público de Credenciales y de Oposición para el Ingreso a la Carrera Fiscal, publicada en la *Gaceta Oficial* N° 39.637 (Ordinario) de fecha dieciocho (18) de marzo de 2011 que expresamente ordena al Jurado a guardar confidencialidad respecto de las opiniones expresadas, así como también respecto de cualquier información incluida en los registros personales de los aspirantes que puedan afectar derechos constitucionales.

1.5 *Referencias de orden genérico, o contenidas en los 'considerando' de los textos normativos:* Donde se invoca el derecho a la intimidad en una suerte de reconocimiento legislativo respecto de su existencia, o su tratamiento en forma genérica dentro del ámbito material de aplicación de la norma. Los ejemplos sobre el particular pululan, debiendo destacarse entre los 'considerando' más relevantes los que corresponden a las siguientes normas:

(i) Decreto N° 5.234 mediante el cual se crea, con carácter permanente, la Comisión Presidencial para la Educación, Prevención y Eliminación de todas las Formas de Abuso y Explotación Sexual y Comercial, de los Niños, Niñas y Adolescentes, publicado en *Gaceta Oficial* N° 38.641 (Ordinario) de fecha nueve (9) de marzo de 2007,

(ii) Resolución N° 390 por la cual se delega en la Superintendencia de Servicios de Certificación Electrónica, la gestión de las atribuciones que en ella se mencionan, publicada en *Gaceta Oficial* N° 38.567 (Ordinario) de fecha veinte (20) de noviembre de 2006,

(iii) Resolución N° 320 por la cual se determinan las políticas normas y procedimientos de Seguridad Informática física y lógica, en los bienes informáticos de los Órganos y Entes de la Administración Pública, publicada en la *Gaceta Oficial* N° 38.414 (Ordinario) de fecha seis (6) de abril de 2006,

(iv) Directrices Generales para garantizar la Protección de los Niños, Niñas y Adolescentes contra el Abuso Sexual y la Explotación Sexual Comercial (referida ut supra a propósito del tratamiento de las garantías procesales); y

(v) Resolución N° SG.-439, por la cual se restringe en todo el ámbito nacional, la aplicación de las pruebas de anticuerpos contra el Virus de la Inmunodeficiencia

Humana (VIH), en las circunstancias que en ella se indican, publicada en *Gaceta Oficial* N° 35.538 (Ordinario) de fecha dos (2) de septiembre de 1994.

1.6 En cuanto a las normas que tratan el derecho a la intimidad en términos generales dentro del ámbito material de aplicación destacan las siguientes:

(i) El artículo 3 de la Ley de Responsabilidad Social en Radio, Televisión y Medios Electrónicos publicada en *Gaceta Oficial* N° 39.610 (Ordinario) de fecha siete (7) de febrero de 2011 y que refiere a los objetivos generales de dicha normativa,

(ii) El artículo 106 de la Ley Orgánica de Pueblos y Comunidades indígenas publicada en la *Gaceta Oficial* N° 38.344 (Ordinario) de fecha veintisiete (27) de diciembre de 2005, que refiere a la protección a la familia indígena,

(iii) Los artículos 50 y 65 la Ley Orgánica para la Protección de Niños, Niñas y Adolescentes publicada en *Gaceta Oficial* N° 5.859 (Extraordinario) de fecha diez (10) de diciembre de 2007,

(iv) Régimen Especial sobre el Sistema de Administración de Personal del Distrito Metropolitano de Caracas publicado en *Gaceta Oficial* N° 37.108 (ordinario) de fecha veintiocho (28) de diciembre de 2000 que en su artículo 53 refiere al "Derecho a la vida privada",

(v) El artículo 140 del Reglamento del Régimen Disciplinario del Cuerpo de Investigaciones Científicas, Penales y Criminalísticas publicado en *Gaceta Oficial* N° 37.711 (Ordinario) de fecha trece (13) de junio de 2003; y

(vi) El artículo 2 de la Ley Orgánica de Telecomunicaciones publicada en la *Gaceta Oficial* N° 39.610 (Ordinario) de fecha siete (7) de febrero de 2011, referido a los objetivos generales de la Ley.

1.7 *De derecho penal especial:* Dadas –generalmente- en razón de protección de la confidencialidad como bien jurídico tutelado (en estrecho vínculo con el derecho a la intimidad) y bajo la determinación de tipos penales que devienen de su incumplimiento (*V.,* La Ley sobre la Protección a la Privacidad de las Comunicaciones, publicada en la *Gaceta Oficial* N° 34.863 Ordinario de fecha dieciséis de diciembre de 1991).

1.8 *Las específicamente circunscritas al ámbito de las relaciones de trabajo:* Por fin, un último grupo de normas que aterrizan el derecho a la intimidad dentro de los linderos de la prestación de servicios por cuenta ajena y bajo la dependencia de otro. Aquí claramente diferenciables dos 'sub-categorías' de normas, a saber:

(i) La de contenido genérico, delimitada entre nosotros en el actual artículo 17 del Reglamento de la Ley Orgánica del Trabajo vigente publicado en *Gaceta Oficial* N° 38.246 (Ordinario) de fecha veintiocho (28) de abril de 2006. (RLOT); y

(ii) Las relativas al estado de salud de los trabajadores, respecto de las cuales existe un deber patronal confidencialidad y por tanto de no revelación de la información que pueda tener a su alcance con ocasión del cumplimiento de sus deberes en materia de seguridad y salud laboral (*V.,* Los numerales 10 y 11 del artículo 53; y el numeral 14 del artículo 120 de La Ley Orgánica de Prevención, Condiciones y Medio Ambiente de Trabajo publicada en la *Gaceta Oficial* N° 38.236 (Ordinario) de fecha veintiséis de julio de 2005.

De la anterior clasificación, resultan de especial interés –a los fines del presente trabajo– las normas contenidas en los incisos '3.4' y '3.7', sin perjuicio de la eventual atención de otras disposiciones que, no encontrándose en tales grupos, devengan en aplicables en un caso concreto circunscrito al ámbito de las relaciones laborales (*V.,* La Ley sobre la Protección a la Privacidad de las Comunicaciones citada *ut supra*).

En cuanto al derecho a la intimidad en las *normas relativas al ingreso y selección de personal*, la primera característica que se desprende de la revisión de las *Gacetas Oficiales*, es el precario desarrollo de instrumentación aplicable al ámbito de las relaciones laborales en el sector privado. Por contra, los artículos 22 y 31 de las Normas de evaluación para el Ingreso a la Jurisdicción Militar, referidos a:

(i) La evaluación psicológica que debe ser aplicada a quienes resulten aceptados a los fines de establecer "...su aptitud emocional, adecuación de razonamiento y equilibrio mental" estableciéndose expresamente la protección al derecho a la intimidad de la persona (artículo 22); y

(ii) La confidencialidad que deben guardar los miembros de la Comisión Evaluadora respecto de las opiniones ventiladas en las reuniones del jurado, donde también es categórico el mandato relativo al resguardo al derecho a la intimidad, vida privada, honor, datos confidenciales y reputación del evaluado o concursante (artículo 31).

En el Poder Judicial ocurre otro tanto. En efecto en los artículos 24 y 38 de las Normas de Evaluación y Concursos de Oposición para el Ingreso y Permanencia en el Poder Judicial (NECOPIPPJ), así como también en las Normas de Evaluación y Concurso de oposición para el Ingreso y Ascenso a la Carrera Judicial (NECOIACP) el tema ha sido tratado en los términos siguientes:

(i) El artículo 24 de la NECOPIPPJ expresamente refirió a la evaluación psicológica aplicable a los aspirantes a ingresar en el Poder Judicial conteniendo en su segundo aparte una redacción –por cierto idéntica a la antes mencionada normativa aplicable al estamento militar– relativa a la protección del derecho a la intimidad, vida privada, honor, datos confidenciales y reputación del evaluado.

(ii) A este mismo tenor, el artículo 38 *ejusdem*, refiriéndose a la confidencialidad hizo énfasis en la protección antes indicada, esta vez respecto de las opiniones emitidas por el jurado evaluador durante las reuniones de rigor.

(iii) Finalmente, el artículo 19 de la NECOIACP, incorporó dentro del ámbito de protección antes descrito el contenido y/o resultado de los exámenes médicos bajo la redacción: "Se protegerá el honor, la vida privada, la intimidad datos confidenciales y reputación de los aspirantes examinados".

En cuanto a las normas que informan sobre el derecho a la intimidad en el ámbito y/o desarrollo de las relaciones laborales, tres (3) son las disposiciones a las que debe enfocarse el periscopio. La dos (2) primeras, referidas al ámbito de seguridad y salud laboral.

En efecto, el artículo 53 de la Ley Orgánica de Prevención, Condiciones y Medio Ambiente del Trabajo (LOPCYMAT) vino a consagrar entre nosotros –dentro del elenco de derechos de los trabajadores– (i) La realización de exámenes de salud preventivos de manera periódica, siendo que los trabajadores tengan derecho al completo acceso a la información contenida en los mismos, así como también el derecho a la confidencialidad de resultados frente a terceros (numeral 10); y (ii) el derecho a la confidencialidad de datos personales de salud, sólo limitado frente a personal médico y 'autoridades sanitarias'.

La propia LOPCYMAT, sanciona al patrono (*ex* artículo 120, numeral 14) que viole la confidencialidad o privacidad de la información sobre las condiciones de salud de los trabajadores.

Es preciso destacar que si bien dicha norma ha sido redactada en términos de confidencialidad, en el fondo refiere al tratamiento del derecho a la intimidad del trabajador frente al deber patronal de vigilancia de la salud de los trabajadores. En ese sentido, Blasco Pellicer (1999, 253), a propósito del derecho español indicaba lo siguiente:

Reflejo de todo ello es la tensión entre el deber empresarial de vigilancia de la salud del trabajador y el derecho éste a no verse afectado en su personal privacidad. Aisladamente considerado el derecho del trabajador a su intimidad comportaría la exclusión de toda la indagación sobre su estado de salud ajena a su voluntad o, dicho de otra forma, el trabajador debería ser siempre quien tuviera la última palabra, de forma que la vigilancia de su estado de salud requeriría siempre su previo consentimiento. Ahora bien, a nadie se le escapa que esto no puede ser así, ni siquiera fuera del ámbito de estrictamente laboral.

No obstante lo anterior, tal y como fue precisado en el acápite B) correspondiente al primer capítulo la actividad contralora o de vigilancia desplegada por el patrono con ocasión del deber contenido en la norma *in comento* no constituye una expresión del Poder de Dirección, sino una forma concreta de velar por el estado de salud de sus trabajadores (bien jurídico tutelado). Por lo tanto, quien suscribe no efectuará análisis adicionales a los ya presentados sobre este particular.

Por otra parte, el literal d) del artículo 17 del RLOT precisó como deber fundamental del patrono el "Respetar la dignidad del trabajador o trabajadora y, por tanto su intimidad y libertad de conciencia".

Dicha norma, originalmente contenida en el artículo 16 del derogado Reglamento de la Ley Orgánica del Trabajo conserva idéntico sentido y esencia. Sobre ella, Carballo (2001, p. 673-674) ha apuntado lo siguiente:

De esta manera se destaca que la tendencia expansiva de los derechos del ciudadano en una sociedad democrática, les garantiza vigencia –igualmente– en la esfera de la empresa (ciudadanía en la empresa), constituyéndose –de ese modo– en "límites infranqueables que al empresario no le es dable desconocer (a pesar del deber de obediencia que frente a él corresponde al trabajador) en uso de su poder de dirección.

La anterior cita referida -en principio- al deber patronal de respeto en cuanto a la intimidad del trabajador, nos trae al epicentro del presente ensayo, esto es, al estudio del derecho a la intimidad como límite al poder de vigilancia del patrono (emanado del poder de dirección).

En ese sentido en los próximos tres capítulos se atenderá la cuestión relativa a cómo coexisten el poder de control y/o

vigilancia del patrono y el derecho a la intimidad de los trabajadores, habida cuenta las posibles zonas de encuentro (situaciones pre-contractuales, sobre las obligaciones laborales una
vez iniciada la relación de trabajo y; respecto de los comportamientos *extralaborales* del trabajador) teniendo en cuenta la
naturaleza jurídica de ambos derechos involucrados y sus
efectos de cara a eventuales restricciones en su aplicación.

CAPÍTULO III

ZONAS DE ENCUENTRO ENTRE DETERMINADAS PRERROGATIVAS DEL SUJETO CONTRATANTE Y EL DERECHO A LA INTIMIDAD DE LAS PERSONAS (SITUACIONES PRE-CONTRACTUALES)

En los capítulos precedentes se abordó de forma separada tanto el Poder de control y Vigilancia del Patrono, como el Derecho a la Intimidad de los Trabajadores, siendo factor común la escasez de desarrollo normativo para el caso venezolano.

Así –entre muchos otros aspectos– se ensayó una definición propia de Poder de Control y Vigilancia, según la cual se trata de un derecho subjetivo en cabeza del patrono compuesto por un elenco de facultades, atribuciones, potestades o prerrogativas, que son ejercidas por su titular con el propósito de verificar el cumplimiento de los trabajadores en cuanto a las instrucciones impartidas, así como en general de aquellas obligaciones que con ocasión del contrato de trabajo deben observarse durante su ejecución; que comporta limitaciones de orden espacial, temporal y de contenido (muy especialmente el derecho a la dignidad e intimidad del trabajador); cuyo origen no se explica en modo suficiente con arreglo al derecho de propiedad y/o libertad de empresa, sino que requiere tomar en cuenta el carácter responsable de la comunidad laboral, el contrato de trabajo y el reconocimiento del Estado en virtud de su interés por el bien común.

Lo propio ocurrió en cuanto al derecho a la intimidad, donde se delimitó el concepto en los términos siguientes: Aquel que es inherente a la persona por su simple condición de tal y que fundamentado en la dignidad, confiere a su titular medios y mecanismos amparados por el ordenamiento jurídico, los cuales podrán ser ejercidos a voluntad, con el propósito materializar la conducta del individuo, que en razón del vínculo social de naturaleza bidireccional (esto es, de interrelación y mutua incidencia con la sociedad) establece gradaciones entre lo público y privado fijando contenidos –variables en el tiempo y en diversas organizaciones sociales– que están orientados a establecer un ámbito más reducido respecto de la vida privada, alejando o manteniendo al margen de dichos contenidos a terceros e incluso al Estado, siendo entendido que dicha exclusión o alejamiento comportará un carácter relativo.

Ambos derechos comparten la misma naturaleza jurídica (derechos humanos y/o fundamentales) con los bemoles que ya han sido indicados en el primer capítulo en cuanto a la *libertad económica* para el caso del Poder de Control y Vigilancia patronal) y coexisten de ordinario en situaciones diversas, siendo que a los efectos del presente trabajo, resulte de interés analizar tal comportamiento dentro de los linderos de las relaciones laborales.

Habida cuenta lo anterior, corresponde en lo sucesivo analizar la coexistencia entre ambos derechos a la luz del régimen jurídico venezolano, teniendo en cuenta las formas clásicas y modernas de prestación de servicios por cuenta ajena y bajo la dependencia de otro, todo ello en razón de la estructura que se propone de seguidas: En el tercer capítulo, la revisión de posibles zonas de encuentro entre determinadas prerrogativas que ostenta quien aún no es propiamente el patrono o empleador (sujeto contratante) y el derecho a la intimidad de las personas en situaciones pre-contractuales.

Un cuarto capítulo, referido a la coexistencia entre el poder de control y vigilancia patronal y el derecho a la intimidad de los trabajadores, en un examen circunscrito a las obligaciones laborales una vez iniciado el contrato de trabajo, pues como lo afirma Valbuena (2002, p. 5) "No sólo al momento del ingreso se puede ver amenazada la intimidad y la dignidad del trabajador, sino también en el desarrollo de la relación laboral, con ocasión del ejercicio de los poderes patronales".

Y, finalmente, un quinto capítulo destinado a atender al alcance de la aplicación del Poder de Control y Vigilancia del patrono o empleador respecto de los comportamientos *extralaborales* del trabajador.

Naturalmente se parte de dos (2) premisas relativas al alcance fáctico (no necesariamente jurídico) de la actividad del patrono o empleador en ese sentido; a saber: (i) Es posible –en la práctica– ejercer controles y mecanismos de verificación previos a la contratación de trabajadores con ocasión de los procedimientos de reclutamiento y selección (que en estricta formalidad no pueden calificarse como ejercicio de Poder de Control y Vigilancia aunque expongan el derecho a la intimidad de los candidatos a ocupar un cargo determinado); y (ii) el control y vigilancia patronal se extiende en oportunidades fuera de la jornada del trabajo y más allá de los predios de la empresa.

No se trata en este instante de validar o no dichas premisas desde la óptica jurídica, toda vez que tal análisis corresponde hacerlo *infra*. Lo que se quiere denotar es la existencia de dichas prácticas empresariales, en el sentido que son situaciones que se presentan con frecuencia con manejo discreto cuando no clandestino, amparadas –ordinariamente– en la carencia de instrumentación suficiente que delimite en justa dimensión su uso legítimo.

Circunscribir el análisis del presente trabajo nada más a la postura restringida que fundamenta su delimitación en que el poder de control y vigilancia sólo es 'verificable' o mejor que "únicamente comporta interés" durante el desarrollo de la relación laboral (porque antes y después no existe contrato de trabajo que lo avale) por cierta que resulte implica reducir el estudio de la dimensión del problema a sólo un tercio (1/3) de su expresión real, ya que en definitiva las prácticas empresariales previas al inicio formal de la relación laboral (reclutamiento y selección) no son totalmente ajenas al Derecho del Trabajo, sobre todo si se les mira desde sus posibles efectos.

Lo propio cabe decir en cuanto a situaciones extralaborales, donde subsiste un espacio en el cual el debate aquí planteado mantiene vigencia, toda vez que la doctrina ha reconocido –casi en forma unánime– que existen determinados comportamientos del trabajador que si bien son parte de su *vida privada* tienen incidencia directa o indirecta en la relación de trabajo.

Por lo tanto, la estructura de los capítulos subsiguientes no es producto de un antojo o capricho de quien suscribe, sino una postura asumida y debidamente fundamentada, que se produce en un contexto de ausencia de uniformidad doctrinaria.

En cuanto a las secciones del presente capítulo III, relativo a las posibles zonas de encuentro entre determinadas prerrogativas que ostenta quien aún no es propiamente el patrono o empleador (sujeto contratante) y el derecho a la intimidad de las personas en situaciones pre-contractuales, se ha identificado dos (2) fases propias de los procesos de reclutamiento y selección, que requieren un estudio por separado.

La primera de ellas, *fase de indagación*, donde el análisis que se presenta hace hincapié en las intromisiones en aquellas conductas (del aspirante a ocupar un cargo) que van más allá de los tópicos estrictamente referidos a la prestación de servicios. En esta fase también se analiza el alcance de las prerrogativas del sujeto contratante en torno a la determinación de las condiciones de salud de las personas en situaciones pre-contractuales.

La segunda de ellas, denominada *fase de uso o manejo de los datos obtenidos*, cuyo análisis no sólo se orienta a la decisión de contratar o no al aspirante al cargo, sino además a la divulgación y/o comercialización de los datos obtenidos durante los procesos de reclutamiento y selección de personal.

Finalmente, en la tercera sección se atenderá a los aspectos procesales de cara a la protección de la persona afectada, haciendo énfasis en el problema de la ausencia de tipificación en el sistema venezolano y evaluando tanto la vía del amparo constitucional así como también la posibilidad de exigir indemnizaciones por daños y perjuicios.

1. Prerrogativas del sujeto contratante y el derecho a la intimidad de las personas durante la fase de indagación

Los procesos de reclutamiento y selección de personal son, de suyo, inherentes a la disciplina de Relaciones Industriales, lo que no es óbice para afirmar el interés especial que reviste para el Derecho del Trabajo de cara a las consecuencias de su materialización. A propósito de la función de reclutamiento, señala Villegas (1997, 95) que completar una vacante requiere encontrar "...una persona que tenga las calificaciones necesarias en relación con las exigencias del puesto... Por lo tanto, resulta indispensable que el proceso se cumpla dentro de la mayor racionalidad".

Dicha racionalidad deviene en "...reunir el mayor número de aspirantes, con el fin de poder escoger entre ellos, los que se someterán al proceso de selección para determinar los que ingresarán a prestar servicios en la empresa" (Villegas, 1997, 95). De allí nacen múltiples preguntas, pero en el tema que nos ocupa interesa por mucho analizar la respuesta de una ellas; a saber: ¿De dónde obtener esa mayor cantidad de aspirantes?

Y es que en esencia, puede hablarse de diferentes formas y técnicas de 'reclutamiento' –que no vienen al caso ya que su examen excedería por completo la pretensión del presente libro– pero en el momento que aparecen listados de 'personas elegibles' elaborados por *head hunters* o *caza talentos*, o puestos a disposición mediante servicios de suscripción a bolsas de empleo entonces sí cabe preguntarse si el manejo de esa data es acorde o no con el tratamiento jurídico del derecho a la intimidad.

En este sentido, Valbuena (2002, p. 3) refiere a este problema de la forma siguiente:

> Hay múltiples posibilidades de propagar datos personales, cuya difusión pudieran perjudicar –de cualquier modo– a su titular, violentándose así su derecho a la intimidad, amén de que la capacidad de almacenamiento de las computadoras

123

modernas, la rapidez en la consulta, transferencia y cobertura de los datos que en ellas se almacenan, genera para quien la posee o puede acceder a ella, una fuerte dosis de poder.

Para el autor antes citado, el problema se inicia desde el momento en que una persona solicita su incorporación a una empresa o institución siendo que se vea 'obligado' a completar formularios con datos de naturaleza personal tales como dirección de residencia, números telefónicos y enfermedades pre-existentes entre muchos otros (en el supuesto que sea el trabajador quien acude directamente a buscar empleo aunque el tema no se agota allí). En efecto, Guth (1999, p. 22) precisa que existen en realidad tres bolsas de empleo:

> … la primera de ellas está formada por solicitantes que ya han participado en la función de selección. Generalmente son extrabajadores, personas que no fueron elegidas por haber alguien con mayor capacidad, o bien la empresa tiene por política que todos los solicitantes pasen por la función de selección (lo cual es muy costoso). Una segunda bolsa de empleo se forma por solicitantes que nunca han participado en la función de selección, pero que acuden a la organización en busca de empleo (a lo cual en ocasiones, se llama "la puerta de la calle"). La tercera bolsa de empleo está constituida por personas que no son solicitantes directos de la organización, pero que ofrecen sus servicios abiertamente a través de boletines, revistas o periódicos (el subrayado es de quien suscribe).

Ya propiamente en la selección de personal, entendida como *proceso real de comparación* entre los requisitos del cargo y el perfil de las características de los candidatos a ocuparlo (Chiavenato, 2001, p. 239), existen diversos insumos de cara a la toma de la decisión respecto de la contratación o no de la persona; a saber:

(i) El contenido de la entrevista –que llevada en términos objetivos no debe ser más que una ampliación y/o aclaratoria respecto de la información suministrada en el resumen curricular y la aportada en la ficha de solicitud de empleo, amén de la exploración por parte del entrevistador de las competencias inherentes al cargo vacante (*V.*, Alles, (2006) Selección por competencias. Y de la misma autora (2003) Elija al mejor. Cómo entrevistar por competencias)–.

(ii) Resultados sobre pruebas de conocimiento y test psicológicos aplicados;

(iii) Exámenes médicos; y

(iv) Constatación de datos suministrados por el trabajador en cuanto a experiencias laborales anteriores así como también sobre veracidad de la información relativa a su grado de instrucción, entre muchos otros.

Dichos insumos, utilizados en forma adecuada, permiten el cumplimiento ético y cabal de las funciones inherentes a Recursos Humanos. En caso contrario, se constituyen en una fuente de continuas invasiones no consentidas, lo que se traduce en la trasgresión del derecho a la intimidad del candidato así como también otros derechos conexos. Sobre este punto, Sala (1999, p. 207) confirma que:

> En la selección de personal el derecho a la intimidad del trabajador podría verse conculcado por el empresario o por los gabinetes de selección de personal independientes del empresario con los que éste hubiera contratado los servicios de dos maneras: a) Bien a la hora de indagar acerca de las características profesionales del trabajador necesarias para concederle el trabajo ofertado. b) Bien por utilizar injustificadamente los datos obtenidos violando el natural secreto.

Baste pensar por ejemplo, que se ordene practicar sin el consentimiento del candidato o trabajador –según el caso– exámenes médicos para la detección de: (i) Enfermedades de transmisión sexual, (ii) consumo de drogas; y/o (iii) estado de gravidez.

En esos ejemplos, no sólo se estaría ante la violación del derecho a la intimidad sino además de los siguientes derechos:

(i) Derecho a la integridad física, psíquica y moral y por ende la prohibición de realización de experimentos científicos, exámenes médicos o de laboratorio sin expreso consentimiento de la persona involucrada salvo cuando se encuentre en peligro su vida (artículo 46.3 de la Constitución Nacional); y

(ii) Derecho a la igualdad y no discriminación contenido en el artículo 21 del Texto Fundamental –de *protección reforzada ex* artículo 89.5 *ejusdem*– con todo su elenco normativo que por mucho, se encuentra más desarrollado en nuestra legislación laboral respecto de los derechos tratados el presente trabajo.

Lo propio cabría decir, respecto de la información obtenida como resultado de la aplicación de pruebas psicológicas, así como también del contenido recabado en la constatación de referencias. En el último de los casos, determinadas prácticas colocarían en riesgo el pleno ejercicio y goce de derechos humanos y/o fundamentales. Piénsese por ejemplo en la contratación de servicios de terceros con el propósito de verificar antecedentes penales del aspirante, o la obtención de informes confidenciales sobre aspectos que exceden la constatación de las competencias del sujeto entrevistado.

A título de ejemplo, en Venezuela se ha denunciado la indagación de la tendencia política de los aspirantes a ocupar cargos en la Administración Pública, mediante la constatación del estatus de firmante o no en el proceso de recolección de firmas para la solicitud del Referéndum Revocatorio Presidencial de fecha quince (15) de agosto de 2004 (conocido como *'Lista de Tascón'*).

Si bien dicho caso está documentado en la OIT como violación al Convenio N° 111 relativo a la discriminación en materia de empleo y ocupación, en nuestro entender involucra también la violación del derecho a la intimidad de los candidatos al ingreso en la Administración Pública.

Sobre el particular, el Informe III 1A de la Comisión de Expertos en Aplicación de Convenios y Recomendaciones de la OIT correspondiente a la 97ª Conferencia Internacional del Trabajo (año 2008) precisó –luego de hacer mención al caso de la Lista de Tascón y la discriminación por razones políticas en Petróleos de Venezuela, S.A.– lo siguiente:

La Comisión urge firmemente al Gobierno a adoptar las medidas necesarias para investigar las alegaciones sobre prácticas de gestión de personal en el sector público, que discriminan a los trabajadores en razón de su opinión política, incluyendo sobre la PDVSA y a terminar con tales prácticas donde se haya verificado su existencia. Sírvase proporcionar informaciones al respecto". (p. 492).

Ahora bien, esa obtención ilícita de información –se afirmó antes– deviene en la violación del derecho a la intimidad, lo que en criterio de Valbuena (2002, p. 3) invoca al *habeas data* como mecanismo de protección jurídica tras decir que:

> Estas razones justifican la norma constitucional a que nos referimos, de la cual nace un amparo especializado con una misión perfectamente identificable y que consiste en una expansión del ámbito de protección de la privacidad del individuo, al brindar protección inmediata y efectiva a derechos fundamentales afectados por las prácticas de almacenamiento, procesamiento y suministro de datos, como lo es el derecho a la intimidad…

Pero adicional a ello, surge la cuestión relativa a dónde o más bien cómo delimitar en forma adecuada esas prácticas empresariales para que, en legítimo uso, no franqueen el derecho a la intimidad de los aspirantes a ocupar un cargo en una determinada organización.

Sobre el particular, Valbuena (2002, p. 5-6) apunta que debe desarrollarse el contenido del 28 constitucional de forma tal que se admita sólo aquellos datos que:

> …sean adecuados, pertinentes y no excesivos con relación al ámbito y las finalidades legítimas para las que se hayan obtenido, con la exigencia expresa de que los interesados sean informados previamente de las condiciones en que se realiza el cuestionario, así como la indubitable manifestación por parte de éstos dando su consentimiento, preferiblemente por escrito, para así facilitar la ulterior prueba, para el tratamiento automatizado de datos que revelen ideología, religión y creencias, o que puedan generar alguna lesión a derechos fundamentales, extremos sobre los cuales nadie puede ser obligado a declarar.

Del texto reproducido se desprende que para el autor citado, es menester establecer restricciones legislativas en cuanto al manejo de la información obtenida en los procesos de reclutamiento y selección de personal, las cuales –en su decir– han de establecerse con base en cuatro criterios (adecuación, pertinencia, no excesividad, y legitimidad en la finalidad); y en garantía que tanto su obtención como uso, gocen del consentimiento de los aspirantes.

Habida cuenta lo anterior, cabe clasificar en dos (2) fases las *prácticas empresariales en situaciones precontractuales*; a saber: (i) Indagaciones empresariales (en sentido estricto) esto es, en cuanto a las actividades desplegadas con ocasión del proceso de reclutamiento y selección destinadas a la obtención de información inherente al aspirante a ocupar un puesto de trabajo; y (ii) el manejo de los datos obtenidos con ocasión de la indagación (obtención y uso respectivamente en los términos de Valbuena).

Así, durante la fase de *indagación empresarial* sólo estará en riesgo una eventual violación al derecho a la intimidad del aspirante a ocupar el cargo, en tanto que en la etapa (de uso o manejo de los datos obtenidos) podrá producirse una violación tanto del derecho a la intimidad como del derecho de igualdad y no discriminación.

Durante la fase de indagación empresarial, tienen lugar acciones del sujeto contratante que merecen ser analizadas a la luz del derecho a la intimidad, ya que si bien existe legitimación para obtener cierto tipo de información, en la práctica suele ahondarse en contenido relativo a la conducta del aspirante que va más allá de lo vinculado a tópicos propios de la prestación de servicios (y lo mismo ocurre con la constatación de su estado de salud que con frecuencia excede de la simple determinación del carácter apto o no respecto del cargo a desempeñar).

En ese sentido, Sala (1999) en su artículo intitulado *El derecho a la intimidad y a la propia imagen y las nuevas tecnologías de control laboral* inicia su análisis haciendo referencia a los derechos de *libertad ideológica o de tendencia*, precisando que es posible que los mismos sean limitados en su ejercicio en los casos de organizaciones empresariales "...que exigen el respeto a un ideario o programa por parte de sus trabajadores" (p. 207).

Este tema se encuentra directamente asociado al principio de igualdad y no discriminación y enfrenta en la doctrina más autorizada distintas posturas sobre su alcance. En ese sentido la Organización Internacional del Trabajo en el Convenio 111 sobre la discriminación (empleo y ocupación) ratificado por Venezuela en fecha tres (3) de junio de 1971 asume una postura casi absoluta cuando considera como discriminación lo siguiente:

> a) cualquier distinción, exclusión o preferencia basada en motivos de raza, color, sexo, religión, opinión política, ascendencia nacional u origen social que tenga por efecto anular o alterar la igualdad de oportunidades o de trato en el empleo y la ocupación;

> b) cualquier otra distinción, exclusión o preferencia que tenga por efecto anular o alterar la igualdad de oportunidades o de trato en el empleo u ocupación que podrá ser especificada por el Miembro interesado previa consulta con las organizaciones representativas de empleadores y de trabajadores, cuando dichas organizaciones existan, y con otros organismos apropiados.

En efecto, se indica casi absoluta, por cuanto el propio Convenio referido contiene tres (3) supuestos de hechos que no son considerados como discriminación; a saber:

(i)   "Las distinciones, exclusiones o preferencias basadas en las calificaciones exigidas para un empleo determinado no serán consideradas como discriminación" (*ex* artículo 1.2),

(ii) El artículo 4 donde se considera como no discriminatoria las medidas que afecten a personas respecto de las cuales exista *sospecha legítima* o bien exista certeza en cuanto a que se dediquen a una actividad perjudicial para la seguridad del Estado (dejando a salvo el derecho a la defensa y acceso a la justicia del afectado); y

(iii)   Las discriminaciones en sentido positivo (artículo 5) cuando se establece como no discriminatorias las medidas de protección asistencia especial previstas en otros Convenios adoptados por la Conferencia Internacional del Trabajo (CIT) y/o por los miembros de la OIT (a cumplimiento de lo prescrito en el 5.2. *ejusdem*).

Sala (1999) es del criterio según el cual la discriminación por razones de ideología se caracteriza por: (i) Estar limitada en su ámbito de aplicación (únicamente a empresas directa o inmediatamente conectadas con el ideario respectivo), (ii) revestir un carácter excepcional; y (iii) no aplicar con la misma rigidez en el proceso de selección respecto del desarrollo de la relación laboral.

Ahora bien, sobre el último particular el autor citado razona con base a una sentencia del Tribunal Constitucional Español (decisión N° 47 del año 1985) a tenor de la cual –y siguiendo la "lógica jurisprudencial" que desprende de la misma– concluye que "...no cabría discriminar en la selección al trabajador por razones ideológicas" y a mayor abundamiento lo siguiente:

> ...sería ilícito investigar su ideología a efectos de contratación ya que aún no ha tenido ocasión de manifestarse en el contra del ideario con actos concretos y probados. Cabe no obstante dudar de lo anterior en el caso de notorias actitudes contrarias al ideario mantenidas por el candidato (Sala, 1999, p. 208).

Quien suscribe, comparte las dos primeras características precisadas por el autor en torno a la discriminación en análisis, esto es, efectivamente estarían limitadas a las empresas ideológicas o de tendencia así como también que ello reviste de un carácter excepcional. Sin embargo, se disiente de la afirmación de Sala, en cuanto a que no pueda –en este tipo de empresas– descartarse a un candidato durante el proceso de selección por razones ideológicas.

En efecto, el hecho por el cual el sujeto contratante verifique elementos ideológicos en la fase de indagación y con base en ello descarte o no a un candidato no resulta automáticamente en discriminación. Antes bien es preciso tener en cuenta la naturaleza de la organización y/o empresa así como también el fin u objeto que esta persigue, ya que en caso de tratarse de empresas ideológicas o de tendencia, cabe el escenario en que ello no implique discriminación en el sentido que protege el Derecho del Trabajo.

De tal suerte que, quien suscribe es de la opinión según la cual en los casos de organizaciones políticas, sindicales, religiosas y/o educativas deviene en legítimo corroborar que la tendencia ideológica del candidato resulte compatible respecto de la proferida por la organización –elemento determinable mediante el estudio del fin u objeto que esta persigue–. Y viceversa, de no tratarse de empresas ideológicas o de tendencia, mal puede afirmarse que el sujeto contratante esté legitimado para hacer indagaciones sobre este aspecto.

Cuando Sala (1999) afirma –a título de ejemplo– que no parece "...que deban tenerse en consideración en el momento de contratar a un trabajador sus opiniones políticas religiosas o sindicales, si bien éste vendrá obligado a respetar el ideario de la empresa en su trabajo, so pena de sanción disciplinaria" (p. 208) en verdad reduce la legitimación al desarrollo de la relación de trabajo y respecto de aplicar o no sanciones por verificación de conductas opuestas al ideario de este tipo de empresas.

La postura sostenida por Sala (abordada con detalle *ut supra*) además de ser un tanto confusa (toda vez que él mismo reconoce dudar en su criterio en el caso *de notorias actitudes contrarias al ideario* durante la fase de indagación) su aplicación práctica conllevaría a absurdos.

Tal sería el caso de una organización sindical de una tendencia ideológica muy marcada que requiera contratar a un sujeto para ocupar un cargo en particular, siendo que éste comulgue con una corriente sindical completamente opuesta a la del sujeto contratante. Dado que según Sala (1999, p. 208) "no cabría discriminar en la selección por razones ideológicas", habría que contratar a ese candidato y luego de iniciada la relación de laboral obligarle a respetar el ideario de su patrono (organización sindical en este ejemplo) en su trabajo.

Sin extremar el análisis a supuestos de concurrencia desleal, quien suscribe considera que ese tipo de incompatibilidades –ideológicas– se reflejarán necesariamente en conductas conscientes o inconscientes del trabajador, las cuales pueden devenir (con o sin ánimo de ocasionar un daño) en alteraciones respecto de la consecución del fin u objeto de la empresa ideológica en cuestión (organización sindical, siguiendo el ejemplo apuntado).

De allí que resulte contra natura y hasta cierto punto inviable exigir a un trabajador que, durante su jornada, aparte a totalidad los ideales, valores y principios que comparte y ejecute las funciones de su cargo cuando en definitiva ello coadyuva a la materialización de un resultado final adverso a dichos ideales, valores y principios.

Igualmente sería un error pretender que por el hecho que se trate de una empresa de esta naturaleza, se confiera licencia absoluta al sujeto contratante para indagar en todos los aspectos que componen el *ideario* del trabajador, pues tal cuestión debe permanecer limitada únicamente a aquello que resulte atinente al objeto de dicha empresa u organización y sólo debería permitirse la no contratación cuando realmente se evidencie tal incompatibilidad.

Distinta ha de ser la respuesta en el caso de indagaciones referidas a otros aspectos del aspirante a ocupar el cargo (tales como estado civil, preferencia sexual, lugares que frecuenta en su tiempo de esparcimiento, planificación familiar, entre muchos otros) donde la respuesta a la luz del derecho a la intimidad deviene en la declaratoria de ilicitud de dichas prácticas, toda vez que muy poco o nada guardan relación con los fines de los procesos de reclutamiento y selección en los términos acogidos al inicio del presente capítulo.

En lo que corresponde a la constatación del estado de salud del candidato a ocupar un cargo, se ha afirmado que con frecuencia las prácticas del sujeto contratante, suelen exceder la simple determinación del carácter apto o no respecto del cargo a desempeñar, indagando –sin el consentimiento ni conocimiento del aspirante– la existencia o no enfermedades de transmisión sexual y estado de gravidez, entre otras. Si ese fuere el caso, habrá que concluir irremediablemente sobre la ilicitud de la conducta del sujeto contratante, aun y cuando el resultado final sea la contratación del candidato.

En efecto, la elaboración de exámenes pre-empleo tiene como propósito constatar –habida cuenta la descripción del cargo y el levantamiento de los riesgos de ocurrencia accidentes de trabajo, así como también de desarrollo de enfermedades ocupacionales– el estado de salud del trabajador y en ese sentido su aptitud para desempeñar el puesto vacante.

No se trata pues de aprovechar tal circunstancia para practicar exámenes clandestinos con base a muestras de sangre tomadas –burlando el consentimiento del candidato– sino de determinar que las condiciones de salud de dicha persona no resulten agravadas con ocasión de la prestación de servicios.

Dicho en otras palabras, el objeto de los exámenes médicos pre-contractuales no es otro sino descartar riesgos en cuanto al agravamiento del estado de salud para el aspirante al cargo, así como también para otras personas de la empresa (bien trabajadores o personas relacionadas) con ocasión de su eventual contratación. De allí que Livellara (2003, p. 51-53) señale que con ocasión de los trámites de selección de personal, el trabajador debe hacer conocer:

> ...la información que se le requiera sobre su salud..." dentro del marco del deber recíproco de buena fe de ambas partes y – como no– en la medida que ello sea exigido por disposiciones de carácter legal o administrativa "cuya falsedad pueda traer aparejada la nulidad del contrato por error en la empresa o en los atributos necesarios que se consideran para el cumplimiento de la función.

Por lo tanto, si dichos exámenes exceden tal propósito y son utilizados para fines distintos han de ser considerados ilícitos. Tal es el caso de las pruebas toxicológicas, donde Sala (1999, p. 210-211) a propósito del caso español opina que en principio la posibilidad de practicar pruebas de alcoholismo o drogadicción sólo están contempladas cuando ello repercute en el trabajo, por lo que en su entender:

A sensu contrario sensu, en el momento de seleccionar al personal no parece posible con base en el art. 18.1 CE que reconoce <<el derecho a la intimidad personal >>, que el empresario pueda lícitamente indagar esta cuestión en orden a contratar o no contratar, incurriendo en tal caso en discriminación prohibida...

En cuanto a las pruebas de embarazo, cabe preguntarse la cuestión relativa a si los riesgos inherentes al cargo son o no razón suficiente para indagar sobre el estado de gravidez de la candidata. Piénsese por ejemplo en un cargo que involucre la exposición constante del ocupante a agentes químicos, hecho que en circunstancias normales no implica riesgo a su condición de salud si la persona utiliza los implementos de protección respectivos, pero que en estado de gravidez sea meritorio de prohibición absoluta y permanente.

Finalmente, en lo atinente a la corroboración de los antecedentes penales de un sujeto, la respuesta debe hacerse no sólo teniendo presente el principio de igualdad y no discriminación, sino además su materialización en la llamada *tesis de reinserción social*.

Sin ánimos de entrar en el análisis respecto del fin de la pena –aspecto que corresponde propiamente al Derecho Penal y cuyo objeto excedería con creces las pretensiones del presente trabajo–, puede afirmarse que donde sí existe un mayor grado de uniformidad en la doctrina es sobre la necesidad según la cual el individuo que ha cumplido una sanción penal, se reincorpore a la sociedad respetando las leyes, lo cual exige a su vez que sea capaz de hacerlo (de allí que se afirme que el régimen penitenciario debe ocuparse de ello en el marco de la definición de la política criminal de un Estado).

Habida cuenta ese fin, el desarrollo normativo de un Estado ha de procurar establecer mínimos de obligatoria observancia relativos al retorno de la vida en sociedad de la persona que cumple una sanción penal (a través de sistemas progresivos o no) que en definitiva le dan cuerpo a las *tesis de reinserción social*. Por ende, no sólo por el principio constitucional de igualdad y no discriminación –entre nosotros de protección reforzada– sino además por la materialización de dicho principio en la política criminal, es que debe concluirse que no está permitida la verificación de antecedentes penales de un aspirante a ocupar un cargo.

Distinto sería el caso en el cual el sujeto contratante tiene certeza o incluso sospechas legítimas en cuanto a que el aspirante a ocupar un cargo se dedica a actividades perjudiciales para la seguridad del Estado, pues allí –de conformidad con lo establecido en el artículo 4 del Convenio 111 sobre la discriminación (empleo y ocupación) de la Organización Internacional del Trabajo ratificado por Venezuela en fecha tres (3) de junio de 1971– podría abstenerse de contratar, siempre que se respete el derecho a la defensa y al debido proceso del afectado

A todo evento, el último aparte del artículo 21 de la LOTTT precisa que nadie puede ser objeto de discriminación en su derecho al trabajo por sus antecedentes penales, por lo que una interpretación exegética conducirá a concluir que entre nosotros tal prohibición conserva un carácter absoluto.

Ahora bien, estas respuestas que a primera vista lucen un tanto empíricas, obedecen de fondo al razonamiento formulado en el acápite 2.2. del capítulo II relativo a las limitaciones o restricciones de los derechos humanos y/o fundamentales, pues allí subyace el método sobre el cual ha de precisarse la fórmula que garantiza en mejor manera la coexistencia de los derechos sometidos a análisis.

En efecto, si bien es cierto que el sujeto contratante conserva para sí una serie de prerrogativas con ocasión de los procesos de reclutamiento y selección de personal, las mismas desnudan su carácter relativo cuando en su aplicación práctica se encuentran con el derecho a la intimidad de los aspirantes o candidatos a ocupar el cargo vacante.

En esa situación, es preciso tener presente –*prima facie*– que las prerrogativas patronales con ocasión de los procesos de reclutamiento y selección de personal, no son sino concreciones del derecho a libertad económica, derecho que entre nosotros tiene rango constitucional (*ex* artículo 112). Dicho artículo es del siguiente tenor:

Artículo 112. Todas las personas pueden dedicarse libremente a la actividad económica de su preferencia, sin más limitaciones que las previstas en esta Constitución y las que establezcan las leyes, por razones de desarrollo humano, seguridad, sanidad, protección del ambiente u otras de interés social. El Estado promoverá la iniciativa privada, garantizando la creación y justa distribución de la riqueza, así como la producción de bienes y servicios que satisfagan las necesidades de la población, la libertad de trabajo, empresa, comercio, industria, sin perjuicio de su facultad para dictar medidas para planificar, racionalizar y regular la economía e impulsar el desarrollo integral del país.

A la sazón de lo anterior, corresponde emprender el análisis sobre la libertad económica a la luz de los derechos humanos y/o fundamentales, cuestión nada sencilla, pues como bien afirma Casal (2008, p. 152): "La libertad de soluciones ofrecidas por los sistemas jurídicos al plasmar la libertad económica aconseja prudencia al trasladar construcciones foráneas y, sobre todo fidelidad al modelo dibujado por la Constitución venezolana".

A este tenor, el seguimiento de la metodología asumida en el segundo capítulo del presente trabajo en cuanto a las restricciones de los derechos humanos y/o fundamentales, conduce en primer lugar al análisis sobre la reserva legal del derecho de libertad económica en el marco de su coexistencia con el derecho a la intimidad.

Así, la primera afirmación que compete hacer es que no existe a la fecha, en el régimen jurídico venezolano, norma jurídica expresamente establecida por la autoridad competente que delimite el contenido y alcance de la libertad económica en el sentido que vea afectado su ejercicio frente al derecho a la intimidad.

Ello sin embargo, no confiere un carácter absoluto al derecho en análisis, aunque conviene tener presente también lo afirmado en el segundo capítulo en el sentido que esta situación de ninguna manera viene a significar que el juez pueda recortar el libre ejercicio o disfrute –en este caso– del derecho a la libertad económica, negando o reduciendo su aplicación y/o eficacia (respectivamente) ofrecida por la tutela constitucional.

Sobre este particular, la Sala Constitucional del Tribunal Supremo de Justicia, en la decisión No. 2641 identificada *ut supra*, sostuvo lo siguiente a propósito de las limitaciones al derecho a la libertad económica:

> La libertad económica es manifestación específica de la libertad general del ciudadano, la cual se proyecta sobre su vertiente económica. De allí que, fuera de las limitaciones expresas que estén establecidas en la Ley, los particulares podrán libremente entrar, permanecer y salir del mercado de su preferencia, lo cual supone, también, el derecho a la explotación, según su autonomía privada, de la actividad que han emprendido. Ahora bien, en relación con la expresa que contiene el artículo 112 de la Constitución, los Poderes Públicos están habilitados para la regulación –mediante Ley– del ejercicio de la libertad económica, con la finalidad del logro de algunos de los objetivos de "interés social" que menciona el propio artículo. De esa manera, el reconocimiento de la libertad económica debe conciliarse con otras normas fundamentales que justifican la intervención del Estado en la economía, por cuanto la Constitución venezolana reconoce un sistema de economía social de mercado...

Del extracto antes reproducido se evidencia que si bien existe un reconocimiento inicial a la reserva legal, luego el mismo termina siendo relajado en una 'conciliación' del derecho en análisis con "...otras normas fundamentales que justifican la intervención del Estado en la economía" en virtud de un sistema económico social de mercado.

En otras palabras, la restricción de la Sala Constitucional no se produjo con arreglo a la naturaleza jurídica del derecho a la libertad económica, pues de haber sido así se habría tomado en cuenta tanto los aspectos formales (reserva legal, determinación o precisión de la regulación; y carácter orgánico de la ley) como los materiales (licitud del fin perseguido, proporcionalidad, intangibilidad del contenido esencial del derecho; y compatibilidad con el sistema democrático) analizados en el acápite 2.2 del segundo capítulo del presente trabajo.

Por el contrario se limitó a reconocer la existencia de la reserva legal, para luego establecer restricciones a dicho derecho con arreglo al sistema económico social de mercado, sin siquiera plantearse los aspectos materiales relativos a la limitación de derechos humanos y/o fundamentales.

En efecto, durante otro pasaje del referido fallo la Sala Constitucional afirma lo siguiente:

Otro pasaje de la misma decisión precisa: "Evidentemente, en la implantación de esa regulación, los Poderes Públicos deben respetar las exigencias que derivan del artículo 112 constitucional, por lo que dicha regulación sólo podrá acordarse en los términos que expresamente establezca el legislador nacional, porque tal materia es de la reserva legal" (el subrayado es de quien suscribe).

En ese sentido Casal (2008, p. 160) precisa lo siguiente:

No cabe sostener que la reserva legal pierde rigor cuando hay intereses generales implicados, porque es justamente la conciencia de que junto a los derechos fundamentales pueden existir bienes colectivos en conflicto lo que condujo a la consagración de la reserva legal, para que fuera un órgano dotado de la naturaleza señalada el que determinara si tales bienes colectivos debían prevalecer en ciertas circunstancias sobre el derecho comprometido, así como el alcance de tal prevalencia.

Un aspecto que merece especial atención en la decisión analizada, refiere al límite reconocido por la Sala Constitucional en cuanto a las restricciones de la libertad económica, el cual se fija únicamente en el contenido esencial según se evidencia del pasaje siguiente:

...la regulación de precios de servicios no representa, per se, una violación a la libertad económica. Tal violación sólo se consumará si esa regulación no es establecida en la Ley, o resulta contraria al contenido esencial de la libertad económica, sin perjuicio, por supuesto, de las salvaguardas adicionales que la Administración deberá respetar cuando implante la regulación de precios que acordó el Legislador, para el respeto de los derechos de los particulares que se viesen afectados por esa medida de limitación

Sin ánimo de repetir lo ya apuntado en el segundo capítulo sobre la doctrina del contenido esencial, quien suscribe comparte con Casal (2008, p. 166-167) que ello no sustituye el análisis de los aspectos formales y materiales a propósito de la delimitación y alcance de los derechos humanos y/o fundamentales.

Cuando la Sala Constitucional obvia la consideración sobre la licitud del fin perseguido, proporcionalidad, intangibilidad del contenido esencial del derecho; y compatibilidad con el sistema democrático; desdice de la naturaleza jurídica del derecho de libertad económica.

De allí que Casal (2008, p. 168) afirme acertadamente que:

...junto al contenido esencial de cada derecho fundamental existe un contenido general o adicional del derecho, cuya protección material se produce básicamente a través del principio de proporcionalidad, sin el cual incurriríamos en el error de reducir el alcance sustantivo del derecho a su núcleo o médula, dejando al legislador una libertad virtualmente absoluta para reducir su contenido general.

Habida cuenta el disentimiento antes expresado respecto de la doctrina que la Sala Constitucional del Tribunal Supremo de Justicia ha asumido a propósito de la limitación del derecho a la libertad económica; conviene continuar con las precisiones de cara a fundamentar las respuestas apuntadas durante este primer acápite relativo a las prerrogativas del sujeto contratante y el derecho a la intimidad de las personas durante la fase de indagación.

Respecto de la licitud del fin perseguido, es preciso tener en cuenta –frente a la ausencia de normas jurídicas que materialicen la reserva legal contenida en el artículo 112 constitucional respecto del derecho a la intimidad– que este último es también un derecho humano y/o fundamental contenido expresamente en el artículo 60 de la Constitución venezolana vigente.

Por tanto, la interpretación dada al derecho de libertad económica concretado en las prerrogativas empresariales durante los procesos de reclutamiento y selección, son en razón de la necesaria compatibilidad y/o ajuste a otros principios constitucionales involucrados (en este caso derecho a la intimidad).

En cuanto al principio de proporcionalidad debe decirse que las respuestas sostenidas en la primera parte del presente acápite respecto de las situaciones concretas que fueron analizadas, se nos hacen *idóneas* respecto del fin perseguido, cual es arribar a una interpretación que permita la coexistencia entre las prerrogativas empresariales con ocasión de los procesos de reclutamiento y selección de personal y el derecho a la intimidad de los aspirantes al cargo.

Asimismo –y dentro del examen del principio de proporcionalidad– visto a la luz de la *necesidad* de las restricciones apuntadas, en entender de quien suscribe las respuestas apuntadas son menos gravosas respecto de otros escenarios que conllevarían a la negativa total de uno u otro derecho en situaciones pre-contractuales (*V.*, La verificación del estado de salud del aspirante a ocupar el cargo).

Finalmente, en lo atinente a la proporcionalidad en sentido estricto, debe decirse –en aras de la ponderación de la interpretación sobre las prerrogativas empresariales en situaciones precontractuales durante la fase de indagación– que la razonabilidad de las respuestas dadas, tienen como propósito alcanzar una interpretación que sea compatible –a la vez– tanto para el derecho de libertad económica como para el derecho a la intimidad, lo que en entender de quien suscribe deviene en un propósito lo suficientemente significativo y justificante de las restricciones interpretativas a las que hubo lugar; siendo además que las soluciones alcanzadas no resulten contrarias a los principios y valores propios de una democracia.

La aplicación de este análisis relativo a la limitación y/o restricción de los derechos humanos y/o fundamentales, permitiría por ejemplo explicar la fórmula adoptada en las normas relativas al ingreso y/o selección existentes en el régimen jurídico venezolano para el ámbito público (ya referidas en el tercer punto del acápite c en el capítulo anterior, a propósito del estudio del derecho a la intimidad en Venezuela).

En efecto, tal y cómo ha sido señalado con anterioridad, los artículos 22 y 31 de las Normas de evaluación para el Ingreso a la Jurisdicción Militar establecen –respecto de la evaluación psicológica que se practica con el objeto de constatar la aptitud emocional, adecuación de razonamiento y equilibrio mental para el desempeño de la función respectiva– que sobre dicho examen "Se protegerá el honor, la vida privada, la intimidad, datos confidenciales y reputación del evaluado".

Idéntica redacción conservan los artículos 24 y 38 de las Normas de Evaluación y Concursos de Oposición para el Ingreso y Permanencia en el Poder Judicial referidos a la evaluación psicológica y confidencialidad respectivamente, así como también el artículo 19 de las Normas de Evaluación y Concurso de oposición para el Ingreso y Ascenso a la Carrera Judicial que incorpora en su contenido las evaluaciones médicas practicadas a los aspirantes.

Habida cuenta lo anterior, lo que se evidencia no es otra cosa que el amalgamiento de determinadas prerrogativas del sujeto contratante con ocasión de los procesos de reclutamiento y selección, de tal suerte que el resultado final sea una fórmula que permita su coexistencia respecto del derecho a la intimidad, siendo que las líneas han sido trazadas con arreglo en las condiciones para la limitación o restricción de los derechos humanos y/o fundamentales.

Para Livellara (2003, p. 51) el asunto estriba en que durante las negociaciones previas –en este caso previas al contrato de trabajo– "...dentro de un obrar de buena fe, ambas partes deben brindarse la información necesaria y adecuada, que permita apreciar las características propias del otro contratante" por lo que en ese sentido, deviene en legítimo que el candidato a ocupar el puesto de trabajo suministre –además de sus datos de identificación– información relativa a: (i) Sus antecedentes laborales, (ii) sus conocimientos técnicos; y (iii) no sólo el examen "preocupacional" sino además "...la información que se le requiera sobre su salud".

Ahora bien, el límite –en decir del autor referido a la luz del régimen jurídico laboral de Argentina– estaría en que:

...el empleador debe requerir sólo la información que sea necesaria y relacionada con la función a cumplir, y debe valerse de medios lícitos para su obtención, ya sea que se la solicite al propio postulante o, en caso de acudir a terceros, tal circunstancia debería ser puesta en conocimiento previo de aquél (p. 52).

A la sazón de lo anterior, Livellara (2003, p. 53-54) se cuestiona sobre el alcance del 'deber de informar' por parte del aspirante a ocupar un cargo, siendo que sigue al maestro Vázquez Vialard en cuanto al criterio de esencialidad de la información requerida, esto es, en la medida que los aspectos sean esenciales o directamente relacionados con el cargo a desempeñar por el aspirante, la falsedad del suministro de información conlleva necesariamente a la nulidad del contrato, en tanto que en los demás casos "...resultan más aceptables las reticencias u omisiones en que incurra el trabajador en la etapa precontractual, amparado en su privacidad, con relación a ciertos hechos que podrían dañar su imagen y antecedentes..." y añade el autor citado "... e incluso convertirse en un inconveniente para la admisión en el empleo ofertado".

2. *Prerrogativas del sujeto contratante y el derecho a la intimidad de las personas durante la fase de uso o manejo de los datos obtenidos*

Una vez completada la fase de indagación, corresponde abordar el manejo de los datos obtenidos de cara a la determinación sobre uso legítimo o no. Las carencias legislativas propias del sistema venezolano nos alejan de hacer determinaciones más exactas. Sin embargo, resulta menester ensayar algunas ideas con base a las categorías construidas a lo largo del presente trabajo con el propósito de ofrecer algunas respuestas lógicas en esta segunda fase de las situaciones pre-contractuales.

En efecto, partiendo de la definición del derecho a la intimidad a la cual se arribó durante el segundo capítulo debe afirmarse –al igual que durante la fase de indagación– que si bien se trata de un derecho relativo, una eventual y excepcional limitación o restricción en su contenido solo tiene sentido si se le ve como una interpretación obsequiosa en el marco de la coexistencia con otros derechos humanos y/o fundamentales.

Quien suscribe ha sostenido en el acápite anterior, que las indagaciones del sujeto contratante durante la etapa pre-contractual (fase de indagación) devienen en legítimas en la medida que estén circunscritas a los aspectos inherentes al cargo llamado a ocupar por el aspirante y se obtengan mediante la utilización de medios lícitos.

Ahora bien, una cosa es que el sujeto contratante tenga legitimación de acceso a la información en determinadas circunstancias y otra muy diferente es que ello arrope la revelación a terceros de los datos obtenidos. En efecto, pretender dilatar la legitimación del sujeto contratante al extremo de validar que divulgue o maneje a su antojo los datos del aspirante al cargo obtenidos durante la fase de indagación –aspecto que generalmente se presenta en comercializaciones con agencias de empleo– deviene en la negación del derecho a la intimidad.

La Organización Internacional del Trabajo (1997c, p. 14) ha sostenido sobre el particular -aunque luego ha aceptado matices cuando la nueva finalidad resulta compatible con la inicial- lo siguiente:

> ...el acopio de datos personales no autoriza al empleador a hacer uso de un modo libre e ilimitado de la información recogida. Al detallar los fines específicos del acopio de datos, procede indicar también todas las formas futuras de utilización. Para garantizar la transparencia de la operación y, por tanto, la posibilidad de que los trabajadores controlen la utilización de sus datos, el uso tiene que limitarse a los fines que les constan y quedar inequívocamente definido antes de recabarlos.

De allí que sistemas como el español han establecido importantes restricciones sobre este particular a través del desarrollo legislativo sobre el uso de la informática y el tratamiento de los datos obtenidos por dicha vía. Baste referir por ejemplo al Título III de la Ley Orgánica 5/1992 de fecha veintinueve (29) de octubre por la cual se regula el tratamiento automatizado de los datos de carácter personal (materialización del Convenio 108 relativo a la protección de las personas con respecto al tratamiento automatizado de los datos personales emanado del Consejo de Europa y en vigor desde octubre de 1985).

En dicho Título tiene lugar el desarrollo legislativo respecto de: (i) La calidad de los datos, (ii) el derecho a la información durante la obtención de los datos, (iii) el consentimiento de la persona afectada, (iv) datos especialmente protegidos por la ley, (v) el tratamiento de los datos relativos a la salud, (vi) la seguridad de los datos recabados, (vii) el deber de sigilo; y (viii) la cesión de los datos.

Ya con anterioridad también el Consejo de Europa en su recomendación N° 2 de 1989 había venido desarrollando el tema de la protección de los datos personales en el ámbito de las relaciones laborales, cuyos principios aplicables los resumen Borghi y Mieli (2005, p. 21) en su obra intitulada *Guida alla privacy nel rapporto di lavoro* de la forma siguiente:

- Respeto de la vida privada y de la dignidad del trabajador

- Información y consultas del trabajador

- Recolección de datos con el consenso del trabajador

- Registro de datos y utilización interna

- Comunicación de datos al representante del trabajador

- Límites a la comunicación externa de los datos

- Prohibición de recolección de datos particulares

- Seguridad y certeza del dato; y

- Conservación de los datos

Por su parte, la Organización Internacional del Trabajo (OIT) a través de la Oficina Internacional del Trabajo con sede en Ginebra, dio lugar a una publicación durante el año 1997 intitulada *Protección de los datos personales de los trabajadores*, en la cual contiene un repertorio de recomendaciones prácticas sobre este particular.

Si bien es cierto que del examen del documento se desprende que el punto de mayor atención se encuentra en la etapa durante la cual se desarrolla la relación de trabajo, la publicación de la OIT reconoce desde el mismo prefacio (luego reproducido parcialmente en el preámbulo) la importancia del tema a propósito de las actividades empresariales desarrolladas durante la etapa precontractual:

> Los datos que los empleadores recaban acerca de los trabajadores y de los candidatos a un puesto de trabajo atienden varios propósitos: acatar la legislación; respaldar la selección de candidatos, la formación y la promoción del personal; salvaguardar la seguridad personal y laboral, el control de calidad, el servicio que se presta a la clientela y la protección de los bienes. Hay nuevas formas de recolección y procesamiento de datos que comportan nuevos riesgos para los trabajadores. Si bien varias leyes nacionales y normas internacionales han establecido procedimientos de carácter obligatorio para el tratamiento de datos personales, existe la necesidad de perfeccionar las disposiciones específicamente dirigidas al uso de los datos personales de los trabajadores (resaltado de quien suscribe).

Con base en ello y previa advertencia según la cual las observaciones contenidas en el referido Repertorio sobre Protección de los Datos Personales de los Trabajadores de la OIT (RSPDPT-OIT) no tienen carácter obligatorio y no suplen a la legislación nacional ni al contenido de las normas internacionales sobre la materia, el punto cinco (5) de dicho instrumento, se desarrollan una serie de principios generales, los cuales se resumen a continuación:

a. *Principios de pertinencia y licitud:* Según el cual los datos personales deben ser tratados de forma "…ecuánime y lícita y limitarse exclusivamente a asuntos directamente pertinentes para la relación de empleo del trabajador" entendiendo por tal, "…a todo trabajador o ex trabajador y a todo candidato a un empleo". (OIT, 1997c, 2).

Efectivamente, como fue precisado *ut supra* durante la fase de indagación, la recolección de los datos personales de los candidatos debe estar circunscrita a puntos inherentes al cargo y su obtención ha de producirse por medios lícitos. Por lo tanto, resulta lógico que dichos principios sean extensibles también al uso y tratamiento de la información obtenida.

Es importante destacar que el RSPDPT-OIT precisa que no es al trabajador a quien incumbe indagar el por qué se le requiere uno u otro dato o información (así como tampoco explicar su negativa a proporcionarla) sino al patrono o empleador quien debe "...indicar las razones y de manejar únicamente los datos personales que sean necesarios" (OIT, 1997c, 13).

b. *Principio de la finalidad:* En virtud del cual los datos personales deben ser usados únicamente con el fin para el cual fueron solicitados (en este caso reclutamiento y selección) siendo que en aquellos casos que se exploten con fines diferentes a los que dieron lugar a su obtención, el sujeto contratante debe "...cerciorarse de que no se utilizan de un modo que sea incompatible con esa finalidad inicial y adoptar las medidas necesarias para evitar toda interpretación errada por causa de su aplicación en otro contexto." (OIT, 1997c, 2).

Este principio aplicado a la etapa de vigencia o desarrollo de la relación laboral implicaría restricciones –según lo señala el RSPDPT-OIT– respecto de los datos reunidos con el objeto de garantizar la seguridad y buen funcionamiento de los sistemas automatizados, los cuales "...no deberían servir para controlar el comportamiento de los trabajadores" (OIT, 1997c, 2).

c. *Principio de no exclusividad:* Por el cual las decisiones relativas a un trabajador –incluyendo su evaluación– no deben tomarse únicamente con arreglo al tratamiento informático de sus datos personales. Aplicado a los procesos de reclutamiento y selección, este principio sugiere que la decisión sobre la contratación o no de una persona no se haga exclusivamente con base en los datos informáticos disponibles sobre el candidato.

146

d. *Principio de periodicidad:* Aplicado al revisión del sistema de datos personales y formación. En cuanto al primero, se refiere a la evaluación de los métodos de tratamiento de datos personales, con el doble propósito de reducir el tipo y volumen de los mismos, al tiempo de mejorar la protección de la vida privada de los trabajadores (esta última vista por el RSPDTP-OIT como acción conjunta de los actores laborales).

En cuanto al segundo (formación) este tiene como propósito que las a cargo del tratamiento de datos personales, reciban formación periódica que "...les permita comprender el proceso de acopio de datos y el papel que les corresponde en la aplicación de los principios enunciados..." (OIT, 1997c, 2).

e. *Principio de información:* A tenor de lo cual el RSPDPT-OIT propone que los trabajadores y sus representantes sean informados de cualquier actividad relacionada con el acopio de datos, incluso las normas que rigen dicha actividad y los derechos de las personas involucradas.

f. *Principio de igualdad y no discriminación:* Tal y como hemos precisado al inicio del presente capítulo, en la fase de uso y manejo de la información obtenida con ocasión de los procesos de reclutamiento y selección, no sólo está en juego el derecho a la intimidad, sino también principio de igualdad y no discriminación, el cual se materializa –en el caso concreto– en que el uso de los datos personales no debe conducir a discriminaciones ilícitas.

g. *Principio de instrumentación:* En virtud del cual, debe procurarse la elaboración de políticas que respeten "...la vida privada de los trabajadores, con arreglo a los principios enunciados..." (OIT, 1997c, 2).

h. *Principio de confidencialidad:* Que se materializa en que las personas que tengan acceso a los datos personales referidos en el RSPDPT-OIT, tienen la obligación de guardar confidencialidad respecto de su contenido.

i. Principio de irrenunciabilidad: En los términos del RSPDPT-OIT se refiere a la imposibilidad de los trabajadores en cuanto a renunciar al derecho de proteger su vida privada. Consideramos que vendría en aplicable en la fase de uso y manejo de la información obtenida por parte del sujeto contratante (asumiendo la noción amplia de trabajador manejada por el repertorio *in comento*).

Habida cuenta los principios antes descritos, la OIT desarrolla en los puntos subsiguientes del RSPDPT-OIT sus recomendaciones en cuanto a la instrumentación sobre los datos personales, específicamente en lo atinente a su acopio, protección, conservación, uso y comunicación. Asimismo el referido repertorio trata sobre los derechos individuales, colectivos y; finalmente, contiene un acápite referido a las agencias de empleo.

Amén de las bondades o no de dichas recomendaciones, el esfuerzo por sistematizar el tratamiento de los datos personales en el ámbito de las relaciones a través de la RSPDPT-OIT con base en los principios anteriormente descritos, constituye un punto de partida a tomar en cuenta en las políticas para el desarrollo legislativo de los Estados miembros de dicha organización –de mucha utilidad en el caso particular de Venezuela, donde a la fecha no se cuenta con legislación expresa que regule la materia salvo las normas aisladas a las que ya se ha hecho mención–.

3.   *Aspectos procesales de cara a la protección de la persona afectada*

Corresponde en este tercer acápite hacer referencia a los mecanismos procesales existentes en el sistema jurídico venezolano de cara a la materialización de la protección efectiva de la persona afectada por la vulneración de sus derechos humanos y/o fundamentales en virtud de la práctica abusiva de las prerrogativas del sujeto contratante durante cualesquiera de las dos (2) fases que corresponden a la etapa pre-contractual.

En ese sentido el punto de partida del análisis se halla en las limitaciones derivadas de la ausencia de normas sobre esta materia. En efecto, en el régimen jurídico venezolano existe una carencia importante en cuanto al desarrollo del contenido y alcance del derecho a la intimidad, lo cual a su vez repercute en las consideraciones jurídicas que puedan hacerse sobre las conductas que infringen tal derecho con ocasión del ejercicio de las prerrogativas del sujeto contratante durante la etapa pre-contractual (ausencia de tipificación).

A ello se suma que el régimen sancionatorio laboral venezolano se encuentra circunscrito –como resulta lógico– a la verificación del incumplimiento de las obligaciones existentes durante el desarrollo del contrato de trabajo.

Ahora bien, lo anterior no es óbice para que la persona afectada consiga tutela efectiva por parte de la administración de justicia, ya que a todo evento quedarían habilitados los recursos y/o acciones de derecho común.

Rodríguez (2004) refiriéndose a la Ley del Contrato de Trabajo en Argentina, sobre el punto que nos ocupa es de tajante opinión según la cual, en la etapa precontractual no puede hablarse propiamente de derechos específicos laborales ni de derechos inespecíficos laboralizados, toda vez que no se ha celebrado el contrato de trabajo y por tanto los sujetos involucrados no pueden tomar para sí derechos que sólo están reconocidos a las relaciones laborales entre patrono-trabajador.

De allí que el referido autor considera que la respuesta no debe ser dada por la Ley del Contrato de Trabajo de Argentina (LCT), toda vez que se trata de un nexo extracontractual donde se concretan conductas antes de la contratación, añadiendo que ello "…no significa, por supuesto, que durante la etapa precontractual no puedan producirse violaciones de DF mutuamente por parte de uno u otro sujeto" (Rodríguez, 2004, p. 204).

A este tenor, añade el precitado autor –a propósito del derecho a la intimidad– lo siguiente:

Distinto es el tema de di el *futuro* empleador violenta la intimidad del *futuro* trabajador con preguntas, investigaciones, compulsas médicas, etcétera. Allí se puede aparecer una violación de DF, en cuyo caso –como la situación se plantea antes de la iniciación del vínculo contractual– no me parece que pueda ser regida por normas de la LCT o semejantes. Se trata simplemente de un caso de violación de DF inespecífico que no pertenece al campo del derecho del trabajo... Lo cierto es que no puede decirse que el DF de la persona que pretende ser empleada por otra y es sometida a un vejamen, de parte de esta última que violenta su DF, deba ser tratado como un DF inespecífico laboralizado que queda simplemente –y no por eso sin amparo jurisdiccional– sometido a las reglas igualmente inespecíficas o del derecho común (Rodríguez, 2004, p. 205-206).

Es preciso aclarar que si bien es cierto quien suscribe comparte el criterio del profesor Rodríguez en cuanto a que la respuesta no ha de ser dada por el Derecho del Trabajo, tal y como se afirmó al inicio del presente capítulo, ello no significa que las prácticas empresariales previas al inicio formal de la relación laboral (reclutamiento y selección) sean totalmente ajenas al Derecho del Trabajo, pues el resultado de las mismas producirá efectos a futuro (tal y como fue abordado durante el análisis de las distintas situaciones en los dos primeros acápites del presente capítulo).

A la sazón de todo lo antes dicho (a lo que habría que sumar la naturaleza jurídica de los derechos involucrados) el primer mecanismo de obligatoria referencia es entonces el amparo constitucional. En efecto, por tratarse de derechos humanos y/o fundamentales (derecho a la intimidad y libertad económica) reconocidos expresamente por la Constitución venezolana (*ex* artículos 60 y 112 respectivamente) sería procedente el amparo constitucional a tenor de lo establecido en el artículo 2 de la Ley Orgánica de Amparo sobre Derechos y Garantías Constitucionales publicada en la *Gaceta Oficial* N° 34.060 (ordinario) de fecha veintisiete (27) de septiembre de 1988 (LOA).

En ese sentido, es pertinente referir la decisión N° 2.424 de la Sala Constitucional del Tribunal Supremo de Justicia de fecha once (11) de octubre de 2002 con ponencia del Magistrado Antonio García (caso *Nidia Priscila y otros*) donde se señaló lo siguiente:

Como puede advertirse, la acción de amparo no sólo permite la defensa contra las lesiones inmediatas y realizables a los derechos constitucionales, sino que también se interesa por las amenazas de violación, es decir, por la realizables en el futuro. Sin embargo, estos eventos futuros tienen que tener conexión cierta y verídica con el presente, es decir, la acción puede evitar la concreción de hechos lesivos próximos a ejecutarse, los cuales indudablemente vulnerarían derechos fundamentales, pero no puede ocuparse el amparo para proteger futuros remotos, o sea, hechos inciertos, eventuales, cuya producción si ocurre cae íntegramente dentro del área del porvenir, existiendo por lo menos una verdadera certeza fundada del agravio.

Ha sido criterio reiterado por esta Sala que los requisitos que debe reunir cualquier amenaza que atente y conculque derechos fundamentales debe ser aquella que sea inmediata, posible y realizable por la persona a quien se le impute la acción de amparo.

Del extracto anterior, se desprende que en criterio de la Sala Constitucional del Tribunal Supremo de Justicia el amparo es vía idónea para: (i) La defensa contra las lesiones inmediatas y realizables a los derechos constitucionales; y (ii) las amenazas de violación de derechos constitucionales en tanto y cuanto estas sean inmediatas, posibles, realizables e incluso futuras (siempre que tengan conexión cierta y verídica con el presente).

Bastará por lo tanto tener en cuenta (además de lo antes dicho) las otras causales de inadmisibilidad contenidas en el artículo 6 de la LOA, para que ante la ocurrencia o amenaza (en los términos ya explicados) de prácticas abusivas por parte del sujeto contratante, resulte el amparo constitucional la vía idónea a los fines de lograr la restitución de la situación jurídica infringida, en virtud del exceso en el uso de prerrogativas durante la etapa pre-contractual traducidas en el menoscabo del derecho a la intimidad.

Sin ánimo de caer en el terreno de lo especulativo no puede dejar de hacerse mención a que, una de las razones por las cuales no se ha visto proliferar este tipo de demandas guarda relación con la clandestinidad con que operan las indagaciones patronales y el secreto en su uso y manejo posterior, aspectos que se ven reforzados por la ausencia de tipificación a la que se hizo alusión al inicio del presente acápite.

Ello se traduce en severas limitaciones probatorias por parte de quien intenta el amparo constitucional, a lo que hay que sumar las precisiones contenidas en la decisión N° 7 de la Sala Constitucional del Tribunal Supremo de Justicia de fecha 1° de febrero de 2000 (caso José Mejía y José Sánchez) la cual estableció que en la oportunidad de presentación de la solicitud oral o escrita de amparo, la persona debe señalar las pruebas que desea promover "...siendo esta una carga cuya omisión produce la preclusión de la oportunidad".

Para Chavero (2001, p. 228) esta decisión vino a "...formalizar un poco más el sistema de las pruebas en el proceso de amparo constitucional, debido a que la Ley de Amparo no establecía absolutamente nada en relación a la actividad probatoria de las partes...". En efecto y ello se debió a que el artículo 17 de la LOA únicamente refirió al tema probatorio con ocasión de conferir al juez la posibilidad de ordenar la evacuación de las pruebas que estime convenientes para esclarecer las afirmaciones sobre los hechos que así lo requieran.

Por último, conviene referir al *habeas data* como una forma particular de amparo contenida en el artículo 28 de la Constitución, lo que en criterio de Valbuena (2002, p. 5) sería la solución para los problemas que pueden suscitarse con ocasión de "...de la petición de datos íntimos o personales con el pretexto de constatar la aptitud para el trabajo...".

Rondón (2000, p. 280) señala a propósito del artículo 28 de la Carta Magna lo siguiente:

> El derecho acordado implica la facultad de solicitar ante el tribunal competente, la actualización, la rectificación o la destrucción de las informaciones que, por ser erróneas, puedan afectar sus derechos. Se consagra también igualmente, el derecho a acceder a documentos de cualquier naturaleza, cuyo conocimiento sea de interés para personas o grupos de personas, quedando a salvo el secreto de la fuente periodística y de otras profesiones que determine la Ley.

Sobre este punto en específico es menester tener en cuenta la decisión de la Sala Constitucional del Tribunal Supremo de Justicia N° 1281 de fecha veintiséis (26) de junio de 2006 (caso *Pedro Carbone*) donde se precisó lo siguiente:

...la acción de habeas data no procede contra cualquier tipo de información almacenada en la variedad de archivos y registros con los que cuentan nuestro país; de la lectura del citado artículo 28, se deduce que el derecho a conocer, y el llamado *habeas data* en general, no funciona en relación a expedientes personales de orden laboral que reposan en un archivo, a datos sueltos que alguien tenga sobre otro, anotaciones en diarios o papeles domésticos o comerciales, sino que funciona con sistemas -no solo informáticos- de cualquier clase de ordenación de información y datos sobre las personas o sus bienes, con fines de utilizarlos en beneficio propio o de otros, y que real o potencialmente pueden serlo en forma perjudicial contra aquellos a que se refiere la recopilación, se trata, por lo tanto, de bancos de datos, no referidos a alguien en particular, con independencia de que estén destinados a producir informaciones al público (el resaltado es nuestro).

El extracto antes reproducido tuvo lugar con ocasión de una solicitud de habeas data por parte un ciudadano que prestó servicios para el Cuerpo Policial del Estado Carabobo y que tras pedir su traslado al Cuerpo de Investigaciones Científicas Penales y Criminalísticas, tuvo conocimiento –en su decir– de estar reseñado en el sistema de información policial de dicho organismo por la presunta comisión de un delito que data del año 1984, lo que en su entender, vulneraba su derecho al trabajo.

En dicho contexto, la Sala Constitucional indica que el *habeas data* no funciona con relación a los expedientes personales de orden laboral que reposan en un archivo; y tras efectuar otras consideraciones adicionales arriba a la decisión según la cual no ha lugar a la solicitud de habeas data que perseguía "...la eliminación de unos datos inherentes a su persona contenidos en el Sistema de Información Policial del Cuerpo de Investigaciones Científicas Penales y Criminalísticas", en razón de lo cual es lógico concluir que este mecanismo no es la panacea absoluta a los problemas tratados en el presente capítulo aunque podría ser de utilidad en alguna situación concreta.

Con todo hay que decir –en cualesquiera de los escenarios planteados– que quedan a salvo las acciones por responsabilidad civil extracontractual. Po lo tanto, el sujeto afectado podría exigir el pago de indemnizaciones por daños y perjuicios a que hubiere lugar de conformidad con lo establecido en el Código Civil venezolano vigente.

CAPÍTULO IV

LA COEXISTENCIA ENTRE EL PODER DE CONTROL Y VIGILANCIA PATRONAL Y EL DERECHO A LA INTIMIDAD DE LOS TRABAJADORES: UN EXAMEN CIRCUNSCRITO A LAS OBLIGACIONES LABORALES

En el capítulo anterior, se afirmó que en la etapa pre-contractual no cabe hablar propiamente del Poder de Control y Vigilancia del patrono, sino más bien de determinadas prerrogativas del sujeto contratante ejercidas a propósito de los procesos de reclutamiento y selección de personal, lo cual no desdice de la importancia del estudio jurídico sobre la coexistencia de dichas prerrogativas y el derecho a la intimidad, pues –como fue sostenido y sustentado en su oportunidad– ello no resulta del todo ajeno al Derecho del Trabajo.

Ahora bien, iniciada la relación laboral sí es propio referir al 'Poder de Control y Vigilancia' del patrono que, como se apuntó en el primer capítulo, emana del Poder de Dirección el cual tiene *su fuente en el contrato de trabajo (si bien deviene como complemento obligatorio del factor económico fundamentado en el derecho de libertad de empresa).*

En este sentido la Magistrado Carmen Porras precisó en la sentencia No. 2082 de la Sala de Casación Social de fecha doce (12) de diciembre de 2008 (caso *Edgar Suárez contra Polifilm de Venezuela, S.A. y Plastiflex, C.A.*) que la subordinación en el marco de una relación laboral debe entenderse como "...el poder de organización y dirección que ostenta quien recibe la prestación, fundado en la inserción del prestatario del servicio en el proceso productivo organizado por éste...".

A este respecto agrega que en el momento en que quien presta servicios se inserta en el sistema productivo donde es otra persona quien ordena los factores productivos (patrono) "...es lógico justificar que el ajeno adquiera la potestad de organizar y dirigir el mecanismo para la obtención de tales frutos, y es precisamente en este estado cuando la dependencia o subordinación se integra al concepto de ajenidad...".

Con base en ello, la sentencia citada concluye que la prestación de servicios por cuenta ajena y bajo la dependencia de otro involucra la inserción del ejecutante "...en un ámbito productivo que lo organiza y ordena el ajeno, garantizando tal dinámica, la causa y objeto de la vinculación jurídica".

Lo anterior, en definitiva, no hace otra cosa sino reconocer que el Poder de Dirección –y por tanto, el Poder de Control y Vigilancia– es inmanente al contrato de trabajo. Por ello se sostuvo también en el primer capítulo –a propósito de la definición del Poder de Vigilancia– que su origen no se explicaba en modo suficiente con arreglo al derecho de propiedad y/o libertad de empresa, sino que era preciso tener en cuenta *el carácter responsable de la comunidad laboral, el contrato de trabajo y el reconocimiento del Estado en virtud de su interés por el bien común.*

Corolario de lo antes dicho, el presente capítulo se erige como el punto central de esta investigación, ya que es durante el desarrollo de la relación laboral que se hace presente el Poder de Control y Vigilancia del patrono y es a propósito de la verificación sobre el cumplimiento de las obligaciones derivadas del contrato de trabajo donde se experimenta la mayor tensión respecto del derecho a la intimidad de los trabajadores.

Ello requiere –como punto previo– la consideración del principio de la buena fe que aplica al régimen general de los contratos, entendiendo que éste –en el marco de las relaciones laborales– impone a los sujetos vinculados una conducta ajustada a principios éticos bajo cuyos linderos corresponde dar cumplimiento a las obligaciones asumidas, con la confianza legítima que las actuaciones del otro sujeto involucrado en el contrato de trabajo, se materializarán no solo en cumplimiento a lo prescrito por la legislación aplicable, sino además con arreglo a valores tales como lealtad, confianza; y sobre todo, apego a la voluntad inicialmente expresada.

Escudero, Frigola y Corbella (1996, p. 39) refiriendo al caso español son de la misma opinión cuando afirman que: "La función integradora del principio de buena fe, alcanza también al contrato de trabajo" y por ende debe conferírsele el mismo alcance que tienen en el régimen de contratación general.

Ahora bien, la afirmación anterior puede conllevar a que se piense que el trabajador queda "…teóricamente obligado no sólo a lo que estrictamente se derivase del contrato de trabajo, sino a todo aquello que pudiera ser reconducido a su contenido normal" (Escudero, Frigola y Corbella, 1996, p. 39) en atención a la cual examinan la consideración de tal principio *como criterio integrador de las obligaciones del trabajador*, para luego arribar a la conclusión según la cual "… el poder de dirección nunca podrá ser ampliado en base a la buena fe como mecanismo integrador del contrato" (Escudero, Frigola y Corbella, p. 53).

Por lo tanto, la exigibilidad o no de las obligaciones extraordinarias que devienen de la aplicación del principio de la buena fe al contrato de trabajo, no se explican por el ejercicio ordinario del poder de dirección. Con base en las delimitaciones anteriores, el presente capítulo atenderá la coexistencia entre el 'Poder de Control y Vigilancia' del patrono y el derecho a la intimidad de los trabajadores durante el desarrollo de la relación laboral a propósito de la verificación sobre el cumplimiento de las obligaciones derivadas del contrato de trabajo.

Dicho examen se efectuará partiendo de la consideración de aspectos generales o propios de las formas clásicas de prestación de servicios por cuenta ajena y bajo la dependencia de otro, la revisión de la incidencia del uso de tecnologías de la información en el ámbito de las relaciones laborales; y finalmente, la referencia a los aspectos procesales de cara a la protección de la persona afectada.

Es preciso destacar aquí, la decisión No. 745 dictada por la Sala Constitucional del Tribunal Supremo de Justicia en fecha quince (15) de Julio de 2010, la cual si bien no refiere a la colisión del derecho a la intimidad respecto del 'Poder de Control y Vigilancia' del patrono, sí examina en cambio bajo los criterios de proporcionalidad, adecuación, pertinencia y necesidad, la posibilidad de restringir o no el derecho a la intimidad de los funcionarios públicos respecto de sus ingresos y remuneraciones (caso de la Procuraduría General de la República) a la luz de los derechos constitucionales de petición y oportuna respuesta (artículo 51 de la Constitución vigente) y el derecho a la información (artículo 143 *ejusdem*).

En el caso *in comento*, la Sala Constitucional declaró improcedente *in limine litis* el amparo constitucional, tras considerar que a la luz de la situación concreta, no resultaba proporcional la magnitud de la información solicitada (ingresos y remuneraciones de todos los funcionarios de la Procuraduría General de la República) en pro de la transparencia de la gestión fiscal, ni siquiera de las acciones concretas para las que se utilizaría la información solicitada, concluyendo que: "...en criterio de la Sala, no existe un título legítimo para tolerar la invasión en el derecho constitucional a la intimidad del Contralor General de la Público y el resto de los funcionarios adscrito al órgano contralor".

1. *El poder de vigilancia y su coexistencia con el derecho a la intimidad: aspectos generales o propios de las formas clásicas de la prestación de servicios por cuenta ajena y bajo la dependencia de otro*

Se ratificaba al inicio del presente capítulo, que el Poder de Dirección es inmanente al contrato de trabajo. Asimismo se afirmó durante el primer capítulo que la consecuencia lógica de la posibilidad patronal de dar órdenes o instrucciones a los trabajadores es, precisamente, el poder verificar y controlar el cumplimiento de las mismas (lo cual de suyo implica una esfera objetiva y otra subjetiva).

Para Livellara (2003, p. 56) el control ejercido por el empleador puede ser de dos (2) tipos; a saber: (i) Control genérico y; (ii) control técnico. El primero tendría como propósito verificar que "...el trabajador cumple su prestación: concurre con asistencia regular y puntualidad, está en su puesto de trabajo y realiza la tarea encomendada" en tanto que el segundo referiría al modo en que se ejecuta el trabajo.

Ahora bien, como acertadamente advierte Sala (1999, p. 218) esos controles de las obligaciones laborales exponen dos (2) derechos fundamentales del trabajador como expresión de su dignidad humana; a saber: El de intimidad y el derecho a la propia imagen. Por lo tanto, se trata de delinear el ejercicio del Poder de Control y Vigilancia patronal de suerte que éste no implique la negación de los derechos fundamentales del trabajador sino que más bien coexista con ellos tanto en circunstancias típicas como a propósito del uso de las nuevas tecnologías en el ámbito de las relaciones laborales. Veamos.

Para procurar la coexistencia antes mencionada no es preciso que el legislador haga un catálogo o una determinación taxativa sobre los distintos métodos que puede o no utilizar el patrono. En efecto, bastaría con que se establezcan las pautas generales con las que se ha de evaluar si la materialización del Poder de Control y Vigilancia patronal devino o no en un exceso que atenta contra los derechos fundamentales del trabajador.

A diferencia de otros ordenamientos jurídicos, en Venezuela estas pautas no están establecidas a modo expreso en la legislación del trabajo. La aproximación más cercana proviene del RLOT, donde a propósito de la referencia a los deberes del patrono y trabajador, se hizo mención respecto del derecho a la intimidad del trabajador (*ex* artículo 17 del RLOT ya abordado en el segundo capítulo) y a su deber en cuanto a prestar servicios en las condiciones y términos pactados "...o que se desprendieren de la naturaleza de la actividad productiva", así como también al deber de observar las órdenes o instrucciones en cuanto al modo de ejecución del trabajo (*ex* artículo 18 *ejusdem*).

Sin embargo, más allá de este reconocimiento, nada se dijo en cuanto a cuáles son las pautas que han de seguirse para ponderar si –en un caso concreto– los métodos aplicados por el patrono en ejercicio de la función contralora, constituyen o no prácticas abusivas que trasgreden los derechos fundamentales del trabajador.

A pesar de la ausencia normativa antes delatada, es posible hacer importantes aproximaciones tomando en cuenta *la naturaleza jurídica de los derechos involucrados* (derechos humanos y/o fundamentales) así como también *el objeto* del Poder de Control y Vigilancia del patrono o empleador expuesto a propósito de su definición en el primer capítulo del presente trabajo y; finalmente, el *principio de la buena fe* que rige a los contratos de trabajo.

En efecto, por ser ambos derechos humanos y/o fundamentales vale aquí el mismo análisis formulado en los capítulos precedentes en cuanto a las restricciones aplicables a este tipo de derechos, por lo que se da por reproducido tanto el contenido que respecta a las consideraciones de orden teórico, como las de tipo específico a propósito de su aplicación en el marco del tratamiento del derecho a la libertad económica y su coexistencia con el derecho a la intimidad.

Ahora bien, enfocando el periscopio hacia el objeto del Poder de Control y Vigilancia y bajo la prisma de la naturaleza jurídica de los derechos involucrados y sus efectos, la *segunda pauta* a considerar es que la acción contralora del patrono sea ejercida con el propósito de verificar el cumplimiento de los trabajadores en cuanto a las instrucciones impartidas, así como también de aquellas obligaciones que con ocasión del contrato de trabajo deben observarse durante su ejecución. De allí que Livellara (2003, p. 56) siguiendo en cita a Goñi Sein, destaca lo siguiente:

> ...la lesión a la intimidad que el trabajador está obligado a tolerar no debe traspasar los límites de la 'subordinación técnica', esto es, se autoriza un parcial desprendimiento de los derechos de la intimidad por parte del trabajador, si bien a condición de que la intromisión venga impuesta por las exigencias de la prestación laboral.

160

Habrá que añadir que el ejercicio del Poder de Control y Vigilancia del patrono o empleador, en ningún caso debe vaciar de contenido al derecho a la intimidad, y a la inversa; la protección del derecho a la intimidad de los trabajadores no puede convertir a ese Poder de Control y Vigilancia en algo anodino o estéril, pues se trata de la coexistencia de ambos derechos y no la anulación del uno por el otro.

Entonces, frente al llamado por Livellara 'control genérico' bastarían las labores ordinarias de inspección patronal tales como la firma de listados de asistencia, registros de entradas y salidas; y reportes de supervisores entre muchos otros. Ello, al margen de los registros informáticos y de la aplicación de nuevas tecnologías en el ámbito de las relaciones laborales (cuyo tratamiento será abordado *infra*). En cambio el control técnico, requerirá de otros mecanismos más elaborados para poder constatar *la forma en que se ejecuta el trabajo* (amen de las particularidades que pueden presentarse con arreglo a las funciones específicas del cargo).

Finalmente, es muy importante invocar al *principio de la buena fe* (sobre el cual ya se formularon un par de reflexiones al inicio del presente capítulo) toda vez que en el fondo no se trata de los métodos y/o recursos que incorpore el patrono o empleador para materializar el Poder de Control y Vigilancia, sino de que los mismos sean utilizados para esos fines y no para indagar aspectos que entran en aquel ámbito más reducido de la vida privada del trabajador respecto del cual éste ha decidido mantener alejados de dichos contenidos a terceros.

No es extraña la práctica según la cual el patrono suele ocultar a sus trabajadores el uso de medios que materializan ese Poder de Control y Vigilancia. Tampoco lo es, la revelación parcial de los fines a los que se destinan los medios implementados (esto es, cuando se indica a los trabajadores sólo alguno(s) de los usos verdaderos que se dará a los medios de control que se incorporan).

Ambas situaciones irrumpen el principio de la buena fe en el contrato de trabajo y en ese sentido no puede considerarse diluida la llamada 'expectativa de intimidad' del trabajador (amén de la posibilidad que dicha práctica patronal sea considerada además como ilícita). En palabras de Martínez (2005, p. 189) "...el uso indebido de las TIC cabe calificarlo de contrario con el principio de la buena fe contractual...".

De allí que como bien afirme Conde (2007, p. 299) debe existir honestidad en el trato de expresión, por lo que la relación e trabajo debe estar presidida por la transparencia, siendo el vehículo para ello la actividad informativa del empresario. Por ello afirma el autor *in comento* que "El deber de informar es una obligación de ejecución continuada, en el sentido de que tendrá lugar tantas veces como el empresario introduzca variaciones en el contenido de la prestación de trabajo..." (p. 301).

Lo anterior, no significa que si el patrono a través del uso de un medio de control y vigilancia (inicialmente concebido para un fin distinto) tiene conocimiento accidental de un hecho que revele el incumplimiento de obligaciones de los trabajadores, no pueda utilizarlo y proceder legítimamente –en el marco de las protecciones que confiera el ordenamiento jurídico respectivo– al despido del trabajador involucrado, ya que allí no se ha burlado el principio de buena fe, sino que se trató de un conocimiento accidental.

Escenarios como el antes descrito, se ven potenciados con la incorporación de las nuevas tecnologías en el ámbito de las relaciones laborales, pues a través de éstas, el patrono puede continuar obteniendo y haciendo uso de información relativa a los trabajadores de forma cada vez más eficiente, situación que sin el equilibrio adecuado puede conllevar a prácticas que infrinjan el derecho a la intimidad. Veamos.

2. *Incidencia del uso de tecnologías en las relaciones laborales: a propósito del poder de control y vigilancia del patrono y su coexistencia con el derecho a la intimidad*

El alcance del Poder de Control y Vigilancia patronal se ve potenciado con la incorporación de recursos tecnológicos e informáticos en el ámbito de las relaciones laborales y, este fenómeno exige un tratamiento muy particular en virtud de la mayor vulnerabilidad del derecho a la intimidad de los trabajadores.

162

En el caso específico del uso de las nuevas tecnologías de información y comunicación Martínez (2005, p. 190) precisa el planteamiento de la forma siguiente:

> Inicialmente podría decirse que los términos de la cuestión se identifican con la tensión entre las facultades de control y vigilancia del empleador, por una lado, y la existencia de un eventual derecho a la intimidad del trabajador sobre el <<espacio virtual>> integrado por los archivos informáticos incluidos en los computadores personales o los servidores internos de la empresa, por otro.

A mayor abundamiento, advierte Cardona (1999, p. 62) que la incorporación de nuevas tecnologías conlleva inevitablemente a una mayor apertura de la intimidad del trabajador, pues "…el trabajador deberá necesariamente perder un poco de su intimidad laboral, siempre que la facultad de control del empresario sea ejercida de modo racional y objetivo", ello debido a que en su decir:

> La introducción de las nuevas tecnologías supone la aparición en la empresa de nuevas formas incisivas de ejercitar los poderes del empresario ya que el ordenador consiente "un notable salto de calidad en la capacidad de control del empresario sobre la organización productiva y señala un desplazamiento de poder a favor de la dirección" (Cardona, 1999, p. 65).

El problema se encuentra en la natural diferencia cualitativa y cuantitativa del Poder de Control y Vigilancia patronal ejercido con medios tradicionales respecto del que se aplica utilizando las nuevas tecnologías y recursos informáticos y cómo lo anterior se agrava con –la llamada por Martínez (2005)– 'prolongación de la intimidad en el espacio virtual de los archivos informáticos' (sobre lo cual se volverá más adelante).

A. *Medios tecnológicos normalmente implementados en las relaciones de trabajo*

Dada las particularidades propias de la incorporación de los recursos informáticos en el ámbito laboral y su diferencia respecto de los demás medios tecnológicos, se ha decidido –por razones metodológicas– darles tratamiento por separado, bajo el esquema que se desarrolla a continuación.

a. *Aspectos sobre la utilización de cámaras de video*

Mercader (2002, p. 100) a propósito de su capítulo intitulado *Derechos fundamentales y Poderes empresariales* aborda en el segundo epígrafe la incidencia de la incorporación de 'técnicas de control tecnológicamente avanzadas', lo cual en su decir ha conllevado a la idea de la *fábrica panóptica* en la que "...la vigilancia es la segunda sombra que acompaña al trabajador...".

En ese sentido y a propósito de los límites de la *videovigilancia* Mercader (2002, p. 101) ofrece el siguiente pasaje:

> No obstante, la introducción de nuevas tecnologías en el mundo laboral han ayudado a reforzar la visión panóptica de la relación de trabajo, así como la idea de un remozado feudalismo virtual. El inspector que ve sin ser visto y los vigilados que no pueden escapar a la mirada vigilante y omnipresente que parece situarse en un mundo incorporal, aunque penetre en el mundo corporal hasta hacerlo transparente.

En la práctica, la incorporación de los avances tecnológicos en el ámbito de las relaciones de trabajo se ha traducido –entre otros– en la instalación de cámaras de video –que no en pocas ocasiones registran audio también–, la colocación de micrófonos, la grabación de llamadas telefónicas y; la incorporación de tarjetas electrónicas inteligentes.

En efecto, en cuanto a la instalación de cámaras de video, si bien es cierto que entre nosotros no existe norma alguna que establezca prohibiciones expresas sobre su colocación y uso, ello no constituye una licencia absoluta para su utilización indiscriminada, pues en el ámbito de las relaciones laborales habrá que respetar la dignidad –fundamento del derecho a la intimidad– lo que impone al menos tres restricciones.

La primera de ellas, respecto de la *ubicación* de las cámaras, entendiéndose la prohibición de su colocación en sitios que impliquen la negación del derecho a la intimidad del trabajador (tales como vestuarios, sanitarios, etc.). En segundo lugar la *notificación* al trabajador, parámetro que se enmarca dentro de la aplicación del principio de la buena fe que rige en el contrato de trabajo (referido *ut supra*). Finalmente, la *preci-*

sión de los fines que se persigue, ya que es posible que las cámaras se destinen a la organización del proceso productivo o simplemente su instalación obedezca a la implementación de mecanismos de seguridad.

Es necesario destacar que la inobservancia de estos aspectos puede devenir en la obtención de información arbitraria, clandestina o fraudulenta. En nuestro entender, más allá del uso que pueda dársele o no a un video en un juicio -que es un aspecto colateral dado en razón de la valoración en cuanto a la licitud en su obtención- lo más importante es que el uso de *videocámaras* no haga nugatorio el derecho a la intimidad del trabajador (tal y como fue el caso de la "ORD.:2328/130" en Chile, a lo cual se hará mención *infra*.

Sobre este particular Livellara (2003, p. 57) es de la siguiente opinión:

> ...a partir de las pautas de la buena fe y del respeto a la dignidad del trabajador, tales medios de contralor deberán estar justificados en la medida que resulten necesarios para la organización del trabajo y la producción de la empresa o por razones de seguridad (por ej., en bancos, supermercados, etc.), pero nunca implicar una persecución o desmedro a la privacidad del trabajador.

Para el Departamento Jurídico de la Dirección del Trabajo del Gobierno Chileno en la "ORD.:2328/130" de fecha diecinueve (19) de julio de 2002 sólo es lícito el uso de mecanismos de control audiovisual:

> ...cuando ellos se justifican por razones técnico productivas o de seguridad, debiendo ser el control de la actividad del trabajador sólo un resultado secundario o accidental, siendo condición esencial para su implementación, el cumplimiento de los requisitos generales de toda medida de control laboral y específicos del medio en análisis.

Por su parte Sala (1999, 220) apunta que en España, la solución ofrecida por la jurisprudencia ha considerado que las pruebas obtenidas por esta vía o análogas, son una prueba más "...siempre que las cámaras estén emplazadas en zonas de trabajo y no en zonas de esparcimiento o privadas (comedores, aseos, vestuarios, locales sindicales, etc.) y sea conocida su existencia por los trabajadores...", en tanto que en un sentido más teórico Mercader (2002, p. 102-103) precisa que "...la constitucionalidad de cualquier medida restrictiva de derechos fundamentales viene determinada por la estricta observancia del principio de proporcionalidad" al cual se hizo referencia en los capítulos II y III del presente trabajo.

En este mismo sentido, merece la pena estudiar en detalle el pronunciamiento del Departamento Jurídico de la Dirección del Trabajo del Gobierno Chileno en la "ORD.:2328/130" de fecha diecinueve (19) de julio de 2002, donde se precisó que este tipo de controles puede tener dos finalidades; a saber: "a) para la exclusiva vigilancia y fiscalización de la actividad del trabajador, y b) cuando sea objetivamente necesario por requerimientos o exigencias técnicas de los procesos productivos o por razones de seguridad".

En el caso analizado por la Dirección del Trabajo del Gobierno Chileno antes comentado, se concluyó que la grabación de imágenes y sonido, a través de videocámaras instaladas en los vehículos de locomoción colectiva urbana, no resulta lícita si esta tiene como única finalidad, vigilar y fiscalizar la actividad del trabajador, toda vez que:

> ...supone una forma de control ilimitada, que no reconoce fronteras y que se ejerce sin solución de continuidad y en forma panorámica, lo que implica no sólo un control extremada e infinitamente más intenso que el ejercido directamente por la persona del empresario o su representante, sino que en buenas cuentas significa el control y poder total y completo sobre la persona del trabajador.

Ello porque en entender de dicha Dirección, la instalación de dispositivos audiovisuales como forma de control o vigilancia permanente, produce en el trabajador "...un estado de tensión o presión incompatible con la dignidad humana" de suerte que éste al "...verse expuesto de forma ininterrumpida al ojo acusador de la cámara, será objeto de una forma intolerable de hostigamiento y acoso por parte de su empleador" lo cual podría traducirse en un *temor reverencial frente a su empleador* y por tanto nugatorio de la dignidad y libertad del trabajador.

Entre los pasajes de tan importante documento, destaca que la Dirección del Trabajo del Gobierno Chileno considera que el control permanente que se ejerce a través de las cámaras constituye un "...atentado desproporcionado a la intimidad del trabajador" ya que este mecanismo pone en evidencia conductas del trabajador que no guardan relación con su actividad laboral pero que son propias de toda actividad humana (refiriéndose a las llamadas *licencias comportamentales*).

El criterio utilizado por dicha Dirección para precisar la licitud del uso patronal de cámaras de video, se reduce a los casos en los que: (i) *Resulte objetivamente necesario* por los requerimientos técnicos de los procesos productivos; y (ii) se trata de *razones de seguridad* de los propios trabajadores o de terceros.

Sin embargo en el documento en examen, reconoce la Dirección del Trabajo del Gobierno de Chile que es posible llegar a un control o vigilancia de la actividad del trabajador aún en los dos supuestos anteriores, lo cual catalogan como algo accidental que constituye un efecto secundario que debe valorarse "...en función de los objetivos perseguidos –técnico productivos y de seguridad–, de suerte, que el sacrificio de la intimidad del trabajador sea un resultado, como se apuntó, accidental, nunca la intensión primaria por parte del empleador".

Desde luego, lo tajante del pronunciamiento antes analizado guarda relación con el último aparte del artículo 154 y 154 bis del Código de Trabajo Chileno, los cuales son del tenor siguiente:

> **Artículo 154.** El reglamento interno deberá contener, a lo menos, las siguientes disposiciones...Las obligaciones y prohibiciones a que hace referencia el número 5 de este artículo, y en general, toda medida de control, sólo podrán efectuarse por medios idóneos y concordantes con la naturaleza de la relación laboral y, en todo caso, su aplicación deberá ser general, garantizándose la impersonalidad de la medida, para respetar la dignidad del trabajador.

Artículo 154 bis. El empleador deberá mantener reserva de toda la información y datos privados del trabajador a que tenga acceso con ocasión de la relación laboral

Con base en ello fue posible para dicha Dirección incluso pronunciarse sobre los requisitos específicos aplicables al control audiovisual, así como también sobre el manejo de los datos obtenidos, lo que bien podrían tenerse en cuenta en Venezuela de cara a una eventual reforma de la Ley Orgánica del Trabajo.

En efecto, en cuanto a los requisitos específicos aplicables al control audiovisual, precisó la Dirección del Trabajo del Gobierno de Chile que los mismos:

a) No deben dirigirse directamente al trabajador sino que, en lo posible, orientarse en un plano panorámico; b) Deben ser conocidos por los trabajadores, es decir, no pueden tener un carácter clandestino; y c) Su emplazamiento no debe abarcar lugares, aún cuando ellos se ubiquen dentro de las dependencias de la empresa, dedicados al esparcimiento de los trabajadores, tales como, comedores y salas de descanso, así como tampoco a aquellos en los que no se realiza actividad laborativa, como los baños, casilleros, salas de vestuarios, etc.".

En cuanto al manejo de los datos obtenidos, señala el Departamento Jurídico de la Dirección del Trabajo del Gobierno Chileno en la "ORD.:2328/130" de fecha diecinueve (19) de julio de 2002 lo siguiente:

a) Debe garantizarse la debida custodia y almacenamiento de las grabaciones; b) Los trabajadores deberán tener pleno acceso a las grabaciones en las que ellos aparezcan, pudiendo en caso de autorizarlo permitir el acceso a las mismas a los representantes sindicales; c) En cuanto a la gestión de los datos contenidos en las grabaciones, deberá garantizarse la reserva de toda la información y datos privados del trabajador obtenidos mediante estos mecanismos de control audiovisual, excluyendo de su conocimiento a toda persona distinta al empleador y al trabajador, salvo naturalmente que la grabación sea requerida por organismos con competencia para ello. ... d) El empleador deberá, en un plazo razonable, eliminar, sea destruyendo o regrabando las cintas, que contengan datos no relativos a la finalidad para la cual se han establecido (razones técnico productivas o de seguridad); y e) Resulta del todo ilícito alterar o manipular el contenido de las grabaciones o editarlas de modo que se descontextualicen las imágenes en ellas contenidas.

En entender de quien suscribe, con independencia que se comparta o no el contenido antes reproducido, el mismo debería tenerse en cuenta de cara a una eventual reforma en la legislación laboral venezolana o bien en la adopción de alguna nueva regulación especial.

b.   *El uso de micrófonos y las relaciones laborales*

Sobre la utilización de micrófonos, debe afirmarse que resulta extensible el análisis anterior (sobre el uso de las cámaras de video). Es muy importante tener en cuenta que aquí también está latente la posibilidad por la cual los mecanismos implementados por el patrono en ejercicio del Poder de Control y Vigilancia, concreten la lesión del derecho a la intimidad del trabajador y, en ese sentido, cualquier restricción debe hacerse en conformidad con lo expuesto en el presente trabajo durante el segundo capítulo, acápite 2.2 intitulado *Limitación o restricciones de los derechos humanos y/o fundamentales*.

Sobre este punto, Mercader (2002, p. 105) hace referencia a un caso decidido por el Tribunal Constitucional español (STC 98/2000) en el que –a propósito de la utilización de micrófonos en un casino para la captación y grabación de sonidos justificada como medida para resolver las diferencias planteadas con los clientes en una mesa de juegos– se decidió que tal medio resultaba <u>desproporcionado</u> en cuanto al sacrificio que implicaba respecto del derecho de intimidad de los trabajadores, toda vez que el sistema permitía captar todo tipo de comentarios –tanto de clientes como de trabajadores– que no guardan nexo con la relación laboral pero que si constriñen a los trabajadores quienes se inhibirían de "…realizar cualquier tipo de comentario personal ante el convencimiento de que van a ser escuchados y grabados por la empresa".

Entre nosotros Tamayo (1999) refiriéndose a la Ley sobre Protección a la Privacidad de las Comunicaciones publicada en *Gaceta Oficial* N° 34.863 (ordinario) de fecha dieciséis (16) de diciembre de 1991 –cuyo objeto es proteger la privacidad, confidencialidad, inviolabilidad y secreto de las comunicaciones que se produzcan entre dos o más personas– analiza el artículo 2° el cual es del tenor siguiente: "El que arbitraria, clandestina o fraudulentamente, grabe o se imponga de una comunicación entre otras personas, la interrumpa o impida, será castigado con prisión de tres (3) a cinco (5) años".

En ese sentido, precisa el referido autor que cuando el artículo 2° hace referencia a la acción 'se imponga de una comunicación' se debe entender como "...acceder escuchar o tomar conocimiento de su contenido, total o parcialmente, independientemente de que la misma sea o no objeto de grabación" y añade de seguidas que:

> Cualquiera puede imponerse del contenido de una comunicación *sin necesidad de grabarla*, como sería, por ejemplo, instalar un micrófono secreto bidireccional o un transmisor encubierto para escuchar desde un sitio distante la comunicación o instalar un micrófono neumático para escuchar a través de una pared divisoria.... (Tamayo, 1999, p. 67).

De suerte que la acción por la cual el patrono de forma arbitraria, clandestina o fraudulenta incorpora micrófonos con el objeto de imponerse de una comunicación, conlleva a la comisión de un delito sancionado con prisión de tres (3) a cinco (5) años. Para Tamayo (1999, p. 68):

> Utilizar *medios arbitrarios* supone que quien realiza la acción lo hace contrariando las leyes, esto es, sin ningún derecho ni autorización legítima, por simple voluntad o por mero capricho. Hacer uso de *medios clandestinos* implica que quien realiza la acción lo hace en forma secreta, oculta o subrepticia, para eludir o inobservar los requisitos legales [en tanto que] usar *medios fraudulentos* significa que quien realiza la acción, lo hace valiéndose de artificios o engaños (los corchetes son de quien suscribe).

Es necesario destacar que dicha norma tiene como bien jurídico tutelado el derecho a la intimidad de las personas, cuya violación se consuma –como lo indica Tamayo (1999, p. 71)– "...con la grabación, con la obtención del conocimiento, con el impedimento o con la interrupción de la comunicación ajena, siempre y cuando ello haya sido hecho a través de medios arbitrarios, clandestinos o fraudulentos".

Asimismo, señala Tamayo (1999, p. 72) que este delito –de carácter doloso– implica además que si la persona que ejecuta la acción participa en la conversación, la misma no es –en estricta legalidad– una 'comunicación ajena', en razón de lo cual "...no incurre en delito, pero, a todo evento, la grabación obtenida es *ilícita*" toda vez que no cuenta con el consentimiento del otro sujeto.

Lo anterior no debe entenderse como prohibición absoluta al uso de micrófonos en el lugar de trabajo, sino que tal hecho será considerado como delito cuando el patrono lo haga de forma arbitraria, clandestina o con el objeto de imponerse de una comunicación ajena.

Respecto de la licitud o no en caso que se produzca una grabación, Tamayo (1999, p. 496-497) añade que, en líneas generales, si esta se obtiene con el consentimiento *inequívoco y expreso* del principal interlocutor o de todas las partes intervinientes en una comunicación (aunque se realice privadamente) la misma sería lícita, toda vez que ello equivale a afirmar que no existió el concurso de medios arbitrarios, clandestinos o fraudulentos.

La aplicación de todo lo antes dicho al ámbito de las relaciones laborales, conduce a la forzosa conclusión según la cual la efectiva incorporación de dicha herramienta pasa por que el patrono no lo haga de forma arbitraria, clandestina o con el objeto de imponerse de una comunicación ajena, siendo que en caso de efectuarse grabaciones deba además obtener –según sea el caso– el consentimiento *inequívoco y expreso* del principal interlocutor o de todas las partes intervinientes (en este caso trabajadores y eventualmente terceros involucrados), lo que equivale a decir que no existiria una expectativa de derecho a la intimidad por parte de las personas involucradas.

c. El *Poder de Control y Vigilancia* aplicado al teléfono como medio de comunicación

Por otra parte, con relación a la vigilancia telefónica expresada en *intervenciones telefónicas* cuando por ejemplo en un 'call center' se incorpora este control justificando el seguimiento a la calidad de servicio y atención al cliente, o en los *registros o estadísticas* relativos a números telefónicos marcados, hora de la llamada, duración y frecuencia de destinatario.

Sobre este particular señala Mercader (2002, p. 109) que este "...constituye una garantía a la vida privada y, en especial, a la intimidad personal que constituye su núcleo esencial" en razón de lo cual cualquier injerencia en este sentido "...ha de estar sometida al principio de legalidad y, en especial, al de proporcionalidad".

En realidad, como lo señala el autor citado, aquí se encuentran involucrados dos (2) derechos humanos y/o fundamentales de visible afectación; a saber: (i) la libertad de comunicación; y (ii) el derecho a la intimidad. Por lo tanto, cualquier interpretación con el objeto de amalgamar el contenido de tales derechos y hacerlos compatibles con el ejercicio de las potestades patronales cuya raíz se encuentra en el derecho a la libertad económica, requiere pasar el tamiz de las limitaciones y/o restricciones sobre derechos humanos y/o fundamentales abordado en los capítulos precedentes.

Sin ánimo de profundizar en las múltiples aristas que son propias del Derecho Penal y cuyo examen exhaustivo excedería el propósito del presente libro, conviene recalcar lo ya apuntado a propósito de las grabaciones con el uso de micrófonos en cuanto al necesario respeto al principio de legalidad (*V.*, artículos 6 y 7 de la Ley sobre Protección a la Privacidad de las Comunicaciones).

De nuevo, ello no es obstáculo para que el patrono implemente sistemas de control de llamadas telefónicas (intervenciones-grabaciones y/o registros-estadísticas), dado que llenando los extremos indicados anteriormente a propósito de las grabaciones por micrófono, no se lesionaría la expectativa de intimidad de las personas involucradas.

Mercader (2002, p. 110-111) hace referencia a un caso propio del sistema norteamericano basado en la doctrina de la *excepción de extensión telefónica*. En el caso concreto (Watkins v L.M. Berry & Co) el empleador había incorporado un control de llamadas telefónicas, siendo que a propósito de su uso se percató que uno de sus trabajadores concertaba una entrevista de trabajo en virtud de lo cual lo despidió. Lo que sostiene el tribunal, es que es posible interceptar una llamada telefónica con el propósito de constatar su naturaleza, más no su contenido.

d. *Implementación de tarjetas electrónicas*

Respecto de las tarjetas electrónicas que permiten el acceso a las instalaciones de la empresa debe decirse en primer lugar, que su uso no sólo se limita a marcar la hora de llegada y salida (tiempo de permanencia y su comparación con la jornada de trabajo respectiva) sino que además permite definir el acceso o no a determinadas áreas del centro de trabajo.

Quien suscribe disiente del prejuicio existente sobre el uso de estos mecanismos que suelen verse únicamente como una forma de control por virtud de la cual el patrono o empleador puede tener conocimiento en tiempo real del área específica en que se encuentran cada uno de sus trabajadores. Piénsese por ejemplo en situaciones de calamidad que impliquen la evacuación de las instalaciones de una empresa e incluso acciones de rescate por parte de las autoridades competentes. En tales casos, sería no sólo legítimo sino además muy útil contar con un mecanismo este tipo.

Por ello y aún cuando no existe regulación expresa sobre la materia en Venezuela, sostiene quien suscribe que salvo en los casos en los que los registros de tales sistemas se utilicen para indagar aspectos íntimos de uno o más trabajadores (*V.*, El cotejo de registros de dos personas de quienes se 'sospecha' mantienen una relación sentimental y que a consecuencia de coincidencias en el momento de entrada o permanencia en determinadas áreas de la empresa se resuelve despedir a uno o ambos trabajadores) no debería considerarse ilícito la utilización de dicho registro.

B. *Poder de Control y Vigilancia del patrono y su coexistencia con el derecho a la intimidad, con ocasión del uso de recursos informáticos*

Por otra parte, en el ámbito informático, es creciente la tendencia a instalar programas que controlan los más variados aspectos de los equipos de computación asignados a los trabajadores (registros de actividad y frecuencia, navegación por internet, seguimiento de cantidad y calidad de documentos generados, y más recientemente combinaciones de los datos obtenidos respecto de un trabajador) así como también la implementación de mecanismos de control sobre el uso del correo electrónico. Para Martínez (2005, p. 192):

La introducción de la informática parece poner de manifiesto, como ninguna otra innovación tecnológica, la frontera trazada entre las necesidades empresariales de fiscalización de las obligaciones laborales y el control ejercido sobre el individuo.

Estos puntos son analizados a continuación bajo los epígrafes de: (i) Aspectos comunes en la implementación de recursos informáticos en el ámbito de las relaciones de trabajo, (ii) el registro de ficheros y carpetas contenidos en computadores y servidores de la empresa; y (iii) La conexión de internet y el tratamiento jurídico respecto del correo electrónico.

a. *Aspectos comunes en la implementación de recursos informáticos al ámbito de las relaciones de trabajo*

Martínez (2005, p. 192) destaca que: "La introducción de la informática parece poner de manifiesto, como ninguna otra innovación tecnológica, las fronteras de los límites a las facultades empresariales de vigilancia". En criterio de dicho autor ello obedece a dos factores; a saber: (i) La confusión entre la prestación y el control que elimina la frontera entre "las necesidades empresariales de fiscalización de las obligaciones laborales y el control ejercido sobre el individuo"; y (ii) "…la causa de la superación de las categorías tradicionales empleadas por las normas en el encauzamiento del poder de control".

174

Sobre el primero de los puntos coincide Cardona (1999, 63) cuando afirma lo siguiente:

La introducción de nuevas tecnologías en las fábricas se ha caracterizado por permitir una perfecta compenetración en una misma máquina de la actividad productiva y de control, que proporciona así una enorme cantidad de datos, mientras son usados con fines productivos por el trabajador, durante la ejecución de su prestación

Asimismo, la autora antes referida propone la siguiente clasificación en cuanto a la forma de realización de los controles patronales en este ámbito:

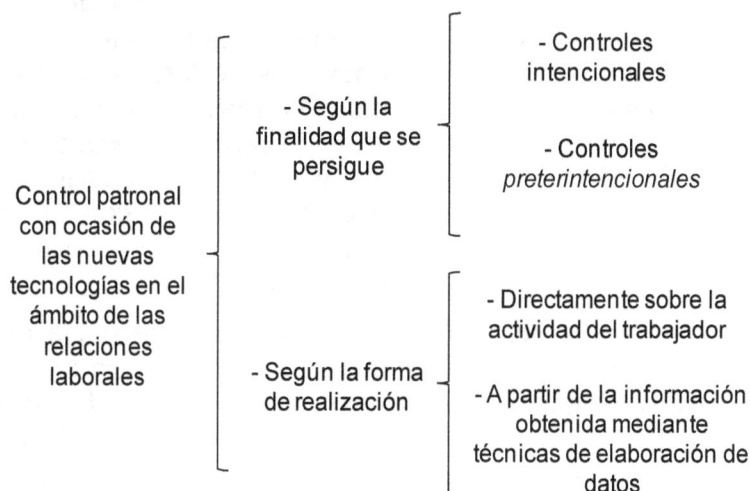

Control patronal con ocasión de las nuevas tecnologías en el ámbito de las relaciones laborales

- Según la finalidad que se persigue
  - Controles intencionales
  - Controles *preterintencionales*

- Según la forma de realización
  - Directamente sobre la actividad del trabajador
  - A partir de la información obtenida mediante técnicas de elaboración de datos

En criterio de dicha autora, el legítimo ejercicio del poder de control empresario en los medios informáticos (en cualesquiera de las clasificaciones antes presentadas) se justificará –únicamente– con arreglo a criterios de objetividad y necesidad. En ese sentido considera que la objetividad estará garantizada en tanto y cuanto el mecanismo de control esté vinculado estrechamente a la organización productiva y se dirija a la protección y conservación de la misma.

En cuanto a la necesidad, ésta se queda asegurada "...por la existencia de una necesidad de protección y seguridad del trabajador" (Cardona, 1999, p. 67).

Hay que decir que Martínez (2005, p. 190) también reconoce lo complicado de dicho planteamiento, al afirmar que la obtención respecto de los ilícitos contractuales que pueda cometer un trabajador cuando utiliza los medios productivos dispuestos por el empresario con fines distintos, pone en relieve "...la eventual colisión entre los derechos fundamentales del trabajador con las facultades de registro y control del empleador".

Por ello estudia la caracterización general de las distintas categorías o formas de 'cibervigilancia' en el lugar de trabajo, donde identifica al menos tres escenarios en los que "...el conflicto entre los derechos fundamentales de los trabajadores y las facultades de control y vigilancia empresarial se sitúan en planos jurídicamente diferenciados" (Martínez, 2005, p. 194) a saber: (i) El registro de los ficheros y carpetas contenidos en los ordenadores y servidores de la empresa, (ii) el control de la conexión irregular a internet; y (iii) el control de la correspondencia electrónica en el lugar de trabajo.

Y, partiendo del reconocimiento de la existencia de un 'espacio virtual de intimidad' del trabajador, el autor referido es del criterio según el cual la actividad del control empresarial debe ajustarse en el ámbito informático al llamado por el sistema jurídico español 'principio de proporcionalidad de la medida'.

Si bien se subraya la importancia del criterio antes reproducido, quien suscribe considera que la consideración de tal principio debe acompañarse de los demás aspectos señalados en reiteradas oportunidades a propósito de la limitación o restricciones de los derechos humanos y/o fundamentales.

b. *Sobre el registro de ficheros y carpetas contenidos en computadores y servidores de la empresa*

En nuestro entender, el análisis requiere partir de una premisa básica; a saber: Al igual que con otros recursos, debe entenderse que los equipos informáticos que el patrono o empleador ponga a disposición de sus trabajadores, constituyen –salvo pacto expreso en contario– una herramienta de trabajo. Por lo tanto, en observancia al principio de la buena fe que rige en el contrato de trabajo, los trabajadores deben abstenerse de usarlos con fines personales o, en todo caso, ajenos a las funciones inherentes a su cargo.

Es legítimo en ese escenario, que el patrono o empleador aspire constatar que efectivamente tal herramienta informática se utiliza con arreglo en las instrucciones por él impartidas (normalmente contenidas en una política de asignación o en normas generales establecidas en el contrato de trabajo).

Con base en ello y haciéndose de la información que se almacena en el registro del computador así como también en el servidor de la empresa (registros de actividad y frecuencia, navegación por internet, seguimiento de cantidad, calidad y tipo de documentos generados; y más recientemente, combinaciones de los datos obtenidos respecto de un trabajador) tendrá una idea muy aproximada sobre el uso del equipo informático.

Sin embargo, es preciso tener en cuenta que lo anterior no releva del deber del patrono en cuanto a notificar a sus trabajadores sobre el seguimiento y control respecto del uso de los equipos informáticos, condición *sine qua non* para romper la expectativa de intimidad que pueda tener la persona a quien se asigna la herramienta de trabajo.

Ahora bien, esta primera aproximación no sólo se enfrenta abiertamente con lo que la doctrina italiana dio en denominar 'licencias de comportamiento' que dicho sea de paso, fue en cierta forma seguida por el Departamento Jurídico de la Dirección del Trabajo del Gobierno Chileno en la "ORD.:2328/ 130" referida *ut supra*, sino que además no permite responder todas las particularidades que subyacen en el uso de equipos informáticos, pues como lo indica Martínez (2005) si bien el control ejercido sobre la actividad del trabajador es directo o inmediato, no siempre permite un *conocimiento* directo e inmediato de su conducta.

En efecto, según Martínez (2005, p. 207) "...solamente cabe afirmar que existe derecho a la intimidad sobre el espacio virtual del ordenador empleado por el trabajador, en los supuestos en los que hubiere creado una expectativa de intimidad para el trabajador en dichos espacios". Y el mismo autor precisa en un pasaje solo puede procederse sin informar al trabajador, en aquellos supuestos en los que "...el carácter oculto sea condición indispensable para su efectividad, constituyendo la medida en tal caso la última ratio para obtener el conocimiento de un presunto y presumido abuso por parte del trabajador" (Martínez, 2005, p. 219).

A lo anterior se superpone, las no pocas veces en las que el patrono o empleador no instrumenta políticas sobre el uso de este tipo de herramientas, permitiendo o tolerando además su utilización con fines personales dentro de parámetros poco precisos de tolerancia (*V.*, cuando se permite a los trabajadores la navegación por internet con fines personales en horas de descanso o una vez culminada la jornada de trabajo sin que se hagan especificaciones adicionales).

Del otro extremo cabe preguntarse cuál es el alcance del Poder de Control y Vigilancia Patronal en escenarios donde no existe instrumentación alguna al respecto o planteamientos como quién tendría la responsabilidad en caso que se produzcan daños al equipo o al servidor de la empresa e incluso daños a terceros.

En primer lugar, en criterio de quien suscribe si el patrono o empleador no instrumenta (en el contrato de trabajo o en políticas) el uso de los equipos informáticos o al menos formula expresa reserva sobre el ejercicio de su Poder de Control y Vigilancia, no puede –en principio– ejercerlo o invocarlo ya que ello se traduciría en el menoscabo del derecho a la intimidad del trabajador involucrado quien conservaría una expectativa legítima de reconocimiento a tal derecho fundamental hasta tanto sea notificado sobre que el patrono ha decidido ejercer en lo sucesivo el Poder de Control y Vigilancia sobre los medios informáticos.

En efecto, se dice "en principio" por cuanto quien suscribe conoce al menos tres (3) escenarios de excepción frente al criterio anterior; a saber: (i) Cuando el patrono cuente con una orden judicial que así lo faculte (siendo que dicha decisión ha debido producirse en justa ponderación de los derechos fundamentales en colisión); (ii) cuando el propio trabajador consienta la revisión por escrito y sin constreñimiento alguno debidamente comprobado; y (iii) cuando se ejerza sin el conocimiento del trabajador siempre que la clandestinidad en su ejercicio constituya una "condición indispensable para su efectividad".

En cuanto al escenario en el cual el patrono ha instrumentado el ejercicio del Poder de Control y Vigilancia en el ámbito informático, deberá respetar también el derecho a la intimidad del trabajador, por lo que si bien puede proceder a la revisión de los ficheros, carpetas y archivos del computador (al igual que al control sobre la conexión a internet) tal prerrogativa no ostenta un carácter absoluto como se ha afirmado en reiteradas oportunidades en el presente trabajo.

Piénsese por ejemplo que la empresa prohíbe la navegación por internet en páginas de contenido adulto. Durante el ejercicio del Poder de Control y Vigilancia, el patrono podrá constatar si el trabajador ha cumplido o no con dicha instrucción, pero en el supuesto que la actividad contralora determine que efectivamente la persona utilizó una herramienta informática para navegar por páginas no autorizadas (de contenido adulto según el ejemplo planteado) el patrono no debería investigar qué contenido específico recorrió el trabajador y con ello desprender datos que menoscaben su intimidad (sus orientaciones o preferencias sexuales en este caso).

Dicho planteamiento sería aún más delicado, si el supuesto planteado se combina con la revisión de cuentas personales de correos electrónicos, toda vez que ello implicaría el análisis adicional del derecho al secreto de las comunicaciones aplicado al ámbito informático (punto que será tratado al final del presente acápite).

Respecto de los archivos señalados como personales por el trabajador, cabe preguntarse qué tratamiento deben recibir cuando los mismos han sido almacenados en unidades que son propiedad de la empresa. Sobre este punto, tampoco existe regulación expresa en Venezuela, pero la doctrina extranjera se inclina por considerar que en principio sobre ellos no debe recaer el Poder de Control y Vigilancia Patronal, dejándose a salvo, los casos en los que resulte justificado su conocimiento (*V.* cuando estos contengan virus informáticos que puedan ocasionar daños a los equipos y servidores de la empresa, o bien cuando el trabajador ha instalado programas o aplicaciones sin licencia original).

Martínez (2005, p. 210) es de la misma opinión cuando afirma que las competencias de control empresarial sobre los ficheros o archivos señalados como personales (ajenos a la actividad laboral) "...serán coextensas con la eventual responsabilidad empresarial que se infiera de los ilícitos cometidos por el trabajador por medio de los instrumentos informáticos de la empresa".

c. *La conexión de internet y el tratamiento jurídico respecto del correo electrónico*

Finalmente, corresponde referir en este acápite al Poder de Control y Vigilancia del Patrono y el derecho a la intimidad de los trabajadores en lo atinente a la *conexión de internet* y con ello al tratamiento de la cuestión relativa al uso del correo electrónico.

Para Martínez (2005, p. 212) es preciso distinguir aquí entre los servicios de información y los de comunicación. Y es que efectivamente en aquellos casos donde el uso de la conexión de internet involucre servicios de comunicación (no necesariamente agotados en el correo electrónico, pues bien puede tratarse de participaciones en foros, blogs y servicios de mensajería instantánea entre muchos otros) el derecho a la intimidad de los trabajadores estará estrechamente vinculado –como veremos más adelante– a la garantía del secreto de las comunicaciones (entre nosotros de raigambre constitucional a tenor de lo establecido en el artículo 48 de la Carta Magna).

180

Respecto del Poder de Control y Vigilancia a propósito de la navegación o uso de internet cuando no corresponda a servicios de comunicación, basta decir que su concreción debe hacerse en respeto al derecho a la intimidad de los trabajadores, lo que no es óbice para incorporar mecanismos o programas informáticos que restrinjan la visita a determinadas páginas o portales, o la compilación de estadísticas y registros destinados a medir el comportamiento del trabajador.

Ahora bien, cuando el uso de internet si corresponde con los llamados *servicios de comunicación*, hay que tener en cuenta –adicionalmente– la protección contenida en el artículo 48 de la Constitución venezolana vigente, que es del siguiente tenor:

Artículo 48. Se garantiza el secreto e inviolabilidad de las comunicaciones privadas en todas sus formas. No podrán ser interferidas sino por orden de un tribunal competente, con el cumplimiento de las disposiciones legales y preservándose el secreto de lo privado que no guarde relación con el correspondiente proceso.

Del artículo antes reproducido, se desprende que esa garantía de secreto e inviolabilidad de las comunicaciones privadas abarca *cualquier tipo y forma de comunicación* utilizada, por lo que debe entenderse que están incluidas las modalidades de los *servicios de comunicación* propios de la *conexión de internet*.

Por lo tanto, aun cuando quien suscribe es de la opinión según la cual no es del todo equiparable la correspondencia epistolar respecto de la comunicación propia de la conexión de internet, debe decirse con el arreglo al artículo anteriormente transcrito que, en el caso venezolano, no queda duda que ambas se encuentran comprendidas en la garantía constitucional de secreto e inviolabilidad de las comunicaciones.

Ello implica que el ejercicio del Poder de Control y Vigilancia Patronal sobre las comunicaciones propias de las conexiones de internet, debe entonces ser armónico no sólo con el derecho a la intimidad de los trabajadores, sino además con la garantía constitucional de secreto e inviolabilidad de las comunicaciones antes referida.

Por ende, cualquier restricción y/o limitación que se produzca sobre el contenido y alcance de los derechos aquí involucrados (en virtud de su aplicación a un caso concreto) también deberá hacerse en conformidad con lo expuesto en el presente trabajo durante el segundo capítulo, acápite 2.2 intitulado *Limitación o restricciones de los derechos humanos y/o fundamentales*.

Ahora bien, el tema del secreto e inviolabilidad de las comunicaciones privadas también debe abordarse desde la óptica del Derecho Penal, donde correspondería revisar las particularidades de cada caso, a los fines de evaluar si la acción del sujeto se encuentra tipificada o no como delito, habida cuenta la rigidez del principio de legalidad según el cual expresa Arteaga (1997, p. 11) que:

> ...se exige que el delito se encuentre expresamente previsto en una *ley formal, descrito con contornos precisos,* de manera de garantizar la seguridad del ciudadano, quien debe saber exactamente cuál es la conducta prohibida, y, asimismo, cuáles son las consecuencias de la transgresión o las peculiaridades que siguen a su conducta lesiva a los bienes protegidos por la norma penal.

En el caso particular de Venezuela, ello remite –en primer lugar– al estudio de la Ley de Reforma Parcial del Código Penal publicada en *Gaceta Oficial* N° 5.768 (extraordinario) de fecha trece (13) de abril de 2005, en específico al Título II relativo a los delitos contra la libertad cuyo capítulo V refiere a los delitos contra la inviolabilidad del secreto (artículos 185 y siguientes).

Hay que decir que a pesar que la reforma es relativamente reciente, salvo en lo atinente a la conversión en unidades tributarias, no se hicieron las modificaciones que bien han podido contener y desarrollar el tratamiento jurídico-penal de dicha garantía constitucional en el ámbito informático, por lo que los esfuerzos que la doctrina pueda ejecutar para tender el puente respecto de las semejanzas entre las comunicaciones informáticas y la correspondencia epistolar no abarcarían el código antes identificado, toda vez que por principio general la analogía no es fuente en el Derecho Penal.

Oviedo (2004, p. 164) citando diversos autores a propósito del derecho argentino, es de la opinión según la cual "...la protección constitucional de que goza la correspondencia epistolar debe extenderse analógicamente a la correspondencia electrónica".

Entre nosotros la protección constitucional no sería el aspecto controvertido, toda vez que el Constituyente de 1999 tuvo a bien acordar la redacción antes reproducida, de cuya lectura se desprende la indiferencia respecto del medio en que la comunicación se produzca, lo que deviene en la inclusión de los servicios de comunicación en el ámbito informático.

Sin embargo, quien suscribe considera que no es posible la extensión (a los servicios de comunicación en el ámbito informático) por analogía del tratamiento ofrecido a las comunicaciones epistolares en el Código Penal, toda vez que como bien lo apunta Arteaga (1997, p. 32) en el Derecho Penal la analogía no tiene cabida en virtud de las exigencias propias del principio de legalidad.

En ese sentido, señala el autor referido que: "Evidentemente no pueden crearse delitos ni penas por analogía: toda la materia penal está reservada a la ley, y los hechos y las penas deben estar expresamente previstos en ella" (Arteaga, 1997, p. 32).

Distinta es la respuesta a la luz del análisis de los artículos 20 y siguientes de la Ley especial contra los delitos informáticos publicada en Gaceta Oficial N° 37.313 (ordinario) de fecha treinta (30) de octubre de 2001 pues, en el Capítulo III (*De los Delitos contra la Privacidad de las Personas y de las Comunicaciones*) tiene lugar el desarrollo de los siguientes tipos delictivos; a saber: (i) Violación a la privacidad de la data o información de carácter personal, (ii) violación de la privacidad en las comunicaciones; y (iii) violación indebida de la data o información de carácter personal.

En ese sentido, es preciso atender al contenido del artículo 21 de dicha Ley, el cual es del tenor siguiente:

Artículo 21. Violación de la privacidad de las comunicaciones. Toda persona que mediante el uso de tecnologías de información acceda, capture, intercepte, interfiera, reproduzca, modifique, desvíe o elimine cualquier mensaje de datos o señal de transmisión o comunicación ajena, será sancionada con prisión de dos a seis años y multa de doscientas a seiscientas unidades tributarias.

Habida cuenta la cita anterior, debe decirse –*prima facie*– que la acción tipificada como delito corresponde al acceso, captura, intercepción, interferencia, reproducción, modificación desvío o eliminación *de mensajes de datos, señales de transmisión o comunicación ajena*, entiendo por 'mensaje de datos' (*ex* artículo 3 *ejusdem*) lo siguiente: "...cualquier pensamiento, idea, imagen, audio, data o información, expresados en un lenguaje conocido que puede ser explícito o secreto (encriptado), preparados dentro de un formato adecuado para ser transmitido por un sistema de comunicaciones".

Es curioso que dicha definición sea diferente a la apuntada previamente por el Decreto con Fuerza de Ley sobre Mensajes de Datos y Firmas Electrónicas publicada en *Gaceta Oficial* No. 37.148 (ordinario) de fecha veintiocho (28) de febrero de 2001, cuyo artículo 2° definió como mensajes de datos "Toda aquella información inteligible en formato electrónico o similar que pueda ser almacenada o intercambiada por cualquier medio".

Pero de regreso al análisis del artículo 21, nuevamente corresponde afirmar que si la persona que ejecuta la acción participa en la comunicación, no cabe calificarla como 'ajena'. Sin embargo, ello no necesariamente descarta la violación de la privacidad de las comunicaciones, que quedaría en pié en lo que concierne a las acciones tipificadas en el artículo 21 en cuanto a que se cometan contra los mensajes de datos y las señales de transmisión.

Hubiese sido deseable que la Ley *in comento* considerara las particularidades a propósito del tratamiento de las comunicaciones propias de la conexión a internet en el ámbito de las relaciones laborales, como si lo hizo por ejemplo en Argentina el artículo 3° del anteproyecto de Ley de Protección Jurídica al

Correo Informático al que refiere Livellara (2003, p. 61) y donde se afirmaba que el patrono o empleador es el titular del correo electrónico provisto a sus trabajadores –sin importar el nombre y clave de acceso necesarios para su uso– a tenor de lo cual, "El empleador está facultado para controlar la información que se transmita por medio de dicho correo y, en su caso, prohibir su uso para fines personales".

En ausencia de referencia especial en el ámbito de las relaciones laborales y habida cuenta que las soluciones ofrecidas por la doctrina extranjera se encuentran circunscritas al desarrollo de sus legislaciones respectivas (por demás con diferencias importantes no solo a nivel normativo sino también en doctrina) es preciso desprenderse un poco de tales referencias para ensayar o construir una respuesta acorde con el sistema jurídico venezolano vigente.

Lo primero que debe decirse es que no está en discusión la titularidad del 'dominio' electrónico y por tanto tampoco que la cuenta de correo electrónico corporativa pertenezca al patrono o empleador, lo que de entrada le confiere el derecho de uso, goce o disfrute y disposición –atributos típicos del derecho a la propiedad privada expresamente reconocidos por nuestra Constitución *ex* artículo 115-.

Por otra parte no puede olvidarse que se trata de una herramienta de trabajo, por lo que su uso está circunscrito a las funciones propias del cargo a desempeñar, en atención a lo cual el trabajador debe abstenerse de hacer uso del correo electrónico corporativo para actividades de provecho personal.

Adicionalmente es preciso tener en cuenta la responsabilidad civil por hecho ilícito en el Código Civil venezolano (*ex* artículos 1185 y siguientes) que involucraría tanto al trabajador como al patrono o empleador en un escenario donde el primero puede llegar a responder tanto por daños causados a la empresa como a terceros, siendo que el segundo también puede llegar a responder en caso de daños ocasionados por el trabajador a terceros en el uso del correo electrónico debiendo considerarse -entre otros aspectos- si los mismos se han producido en uso regular o no de la herramienta de trabajo en cuestión.

E igualmente a tenor de lo establecido en el artículo 1191 del Código Civil cuando donde se precisa que: "Los dueños y los principales o directores son responsables del daño causado por el hecho ilícito de sus sirvientes y dependientes, en el ejercicio de las funciones en que los han empleado", por lo que en argumento en contrario, si el hecho ilícito del dependiente no se produce en ejercicio de las funciones por las que fue empleado, los dueños y los principales o directores no son responsables del daño causado.

En este sentido, también es menester considerar la imposibilidad de exigirle al trabajador que no reciba comunicaciones ajenas a la prestación personal de servicios en su cuenta de correo electrónico corporativo. En efecto, si bien el trabajador puede y debe abstenerse de enviar este tipo de mensajes desde su cuenta de correo electrónico corporativo, mal podría exigírsele que no reciba mensajes de este tipo, toda vez que más allá de todos los esfuerzos que haga para disuadir ese tipo de acciones, es algo que en definitiva no depende de él y que no puede controlar.

Del otro extremo de la línea argumentativa es preciso considerar que cuando se crea o asigna una cuenta de correo electrónico a un trabajador, la misma suele contener un nombre de usuario y una contraseña, definida esta última en el artículo 2 de la Ley Especial contra los Delitos Informáticos como una "secuencia alfabética, numérica o combinación de ambas, protegida por reglas de confidencialidad, utilizada para verificar la autenticidad expedida a un usuario para acceder a la data o a la información contenidas en un sistema".

Así, el carácter secreto de la contraseña asignada por el patrono o empleador y la posibilidad de su modificación unilateral por parte del trabajador, dan cuenta de la enorme expectativa de intimidad respecto del contenido o la información enviada y recibida mediante el correo electrónico corporativo.

Con base en todas las consideraciones antes expuestas, debe decirse que si bien existe una expectativa de intimidad por parte del trabajador la misma se verá diluida siempre que:

(i) Se formule la precisión según la cual el correo electrónico corporativo constituye una herramienta de trabajo y por tanto el trabajador debe abstenerse usarlo con fines ajenos a la prestación de servicios,

(ii) El patrono expresamente informe al trabajador sobre la implementación de programas u otros medios de control y vigilancia sobre el contenido de los correos electrónicos entrantes y salientes, y;

(iii) Que las medidas implementadas sean necesarias y no impliquen la negación de los derechos humanos y/o fundamentales de los trabajadores que se encuentren involucrados, siendo que toda interpretación restrictiva y/o limitativa deba hacerse considerando tanto aspectos formales (reserva legal, determinación o precisión de la regulación; y carácter orgánico de la ley) como materiales (licitud del fin perseguido, proporcionalidad, intangibilidad del contenido esencial del derecho; y compatibilidad con el sistema democrático).

C.   *El ejercicio del Poder de Control y Vigilancia Patronal en el trabajo a distancia*

Una de las consecuencias de la continua implementación de mejoras al proceso productivo –y más modernamente el uso de nuevas tecnologías– ha sido, precisamente, la transformación del sistema clásico de relaciones laborales, toda vez que como lo afirma Lucena (1988, p. 160) el afán empresarial en cuanto a la mejora de su desempeño económico "...depende tanto de su equipamiento técnico de la eficiencia de su fuerza de trabajo".

Sin duda este tipo de cambios han tenido repercusiones muy significativas desde la óptica del Derecho del Trabajo. En el caso venezolano por ejemplo, durante la última década el debate más significativo se ha concentrado en la importante cuestión sobre la suficiencia o no de la subordinación –en su acepción tradicional– como elemento definitorio del contrato de trabajo.

De ello dan cuenta las importantes decisiones dictadas por la Sala de Casación Social del Tribunal Supremo de Justicia, en las que no sólo se reconoce la existencia del problema del ámbito de aplicación del Derecho del Trabajo a las llamadas zonas grises o de frontera, sino en las que además se han ensayado nuevas soluciones de cara a la determinación de la existencia o no de una relación laboral.

Sin embargo, como bien anticipara Hernández (1988, p. 197) a propósito de la innovación tecnológica, ello no supone necesariamente "...un cambio total en la esencia conceptual de la subordinación, pero si requiere una revisión de los criterios que la doctrina y la jurisprudencia han venido tradicionalmente empleando para determinar los supuestos de hecho que lo configuran".

Advertía desde entonces el autor citado, que –en el futuro– la subordinación no podría apoyarse en hechos tales como el cumplimiento de horarios o la ejecución del trabajo en la sede de la empresa y atendiendo a las órdenes e instrucciones emitidas, toda vez que las circunstancias modificarán el modo de prestación de servicios tradicional, de suerte que:

> ...el teletrabajo, los sistemas de fabricación flexible y de manera más general, la robótica y la cibernética ocuparán un importante papel, que si bien no desplaza la tradicional fábrica de organización taylorista, creará nuevas formas laborales, en las cuales el trabajador no estará sujeto a horarios rígidos, ni estará obligado a asistir a la empresa, ni depender para la realización de su trabajo de las instrucciones del capataz (Hernández, 1988, p. 197).

Sobre este punto, Raso (1993, p. 400-401) en su artículo intitulado *Flexibilización: ¿desregulación o adaptación del Derecho del Trabajo?* reconoce que las nuevas tecnologías también plantean la reorganización de las tareas internas y la calificación profesional de los trabajadores involucrados, lo cual en ocasiones produce un "...desplazamiento del trabajo jurídicamente subordinado al trabajo a domicilio (desde las formas más tradicionales, hasta el moderno teletrabajo) formalmente independiente, pero económicamente subordinado a una gestión central ajena".

188

Así, las nuevas relaciones laborales producidas, han de entenderse fuera del marco tradicional de la subordinación típica, toda vez que como bien lo afirma Bronstein (1990, p. 396) la flexibilidad laboral vino acompañada de una variedad de atipicidades entre las que destaca la prestación de servicios fuera del recinto de la empresa.

Lo anterior, no significa en modo alguno que no esté presente la subordinación, sino que por el contrario –como se ha afirmado en el primer capítulo del trabajo que nos ocupa– está presente y en forma más demarcada. De la misma opinión es Hernández (1988, p. 197-198) cuando sostiene que:

> En estas situaciones no desaparece, sino que al contrario se hace incluso más intensa en algunos casos, pero el control del trabajo es efectuado por máquinas y la verdadera fuente de instrucciones no reside en el "patrono" dueño de la empresa, sino en los programas contenidos en el computador, algunos de los cuales son concebidos con una flexibilidad tal que el propio trabajador tendrá posibilidades de participar más activamente en la organización de su propia actividad tomando decisiones hasta hoy reservadas a la gerencia.

En el mismo sentido, Carballo afirma (2001, p. 102) que el teletrabajo brinda al patrono o empleador la posibilidad de un control efectivo y permanente a distancia, lo que se traduce en un *ejercicio nítido* del poder de dirección, en razón de lo cual la distancia no constituye un obstáculo relevante.

Por lo tanto, la actividad contralora no sería tan difícil para el patrono o empleador, quien –en un marco de respeto a los derechos fundamentales de los trabajadores– puede diseñar e implementar sistemas que permitan el ejercicio de su Poder de Control y Vigilancia en las relaciones de trabajo a distancia (y que mayormente se basan en los resultados producidos); como sí lo sería para la Administración del Trabajo de cara a la verificación del cumplimiento de las obligaciones patronales con ocasión del contrato de trabajo existente.

Ahora bien, hay que tener en cuenta aquí la distinción por la cual no siempre el teletrabajo es equiparable al trabajo a domicilio. En efecto, si bien ambos tienen como factor común el hecho por el cual la prestación de servicios se ejecuta a distancia, el teletrabajo como forma de prestación de servicios relativamente reciente involucra además (necesaria y permanentemente) el uso de nuevas tecnologías (en especial herramientas informáticas) de suerte que existe un grado de coordinación tal, que quien presta servicios por cuenta ajena y bajo la dependencia de otro ejecuta la labor en un espacio físico externo a los predios de la empresa, sin que por ello se altere en modo alguno el proceso productivo ni el control respecto de la actividad del trabajador.

Por ende, si bien es posible –en determinadas circunstancias– aplicar analógicamente al teletrabajo la regulación diseñada por la LOTTT para el trabajo a domicilio (*ex* artículos 209 al 217), es preciso tener en cuenta las razones históricas que dieron origen a una y otra figura –cuyo conocimiento prácticamente popular nos exime de su tratamiento en el presente libro– y que revelan las diferencias entre el tradicional 'trabajo a domicilio' y la modalidad del teletrabajo.

Esta situación ha dado origen a que la doctrina evalúe la conveniencia o no de instrumentar un régimen jurídico acorde con las particularidades propias del teletrabajo. Para Carballo (2001, p. 112) ello no resulta lo más adecuado, toda vez que una regulación *a priori* se basaría en experiencias extrajeras al tiempo que puede producir inhibiciones o alteraciones en la ejecución de este tipo de contratos.

En atención a lo antes expuesto, se inclina por esperar a que se produzca una expansión fáctica, de manera que ello exponga las "... debilidades y fortalezas, ventajas y desventajas..." de esta modalidad de prestación de servicios.

En todo caso, tanto en la concepción tradicional del 'trabajo a domicilio' como en la modalidad específica del teletrabajo, el ejercicio del Poder de Control y Vigilancia ha de resultar compatible y en perfecta armonía respecto de los derechos fundamentales del trabajador, siendo que tal determinación deba establecerse en atención a los criterios esgrimidos a lo largo del presente trabajo, teniendo en cuenta no sólo los criterios formales y materiales propios de la restricción de los derechos humanos y/o fundamentales, sino además las peculiaridades derivadas de su aplicación práctica que han sido expuestas a lo largo del presente capítulo.

3.   *Aspectos procesales de cara a la protección de la persona afectada*

Al igual que en el capítulo precedente, se ha querido destinar aquí, un espacio a la consideración de los aspectos procesales de cara a la protección de la persona afectada en el caso que la materialización del Poder del Control y Vigilancia del patrono convierta los derechos humanos y/o fundamentales de los trabajadores en algo anodino, nimio o insustancial.

En ese sentido, en el tercer acápite del capítulo III se afirmó que la obtención y uso de datos personales del candidato o aspirante a un cargo, podría ser –como en efecto de evidenció *ut supra*– extensiva más allá de las situaciones precontractuales, de suerte que lo que cambiaría en todo caso sería la forma de control y el grado de exposición del ahora trabajador (antes candidato o aspirante).

Por tanto, con las adaptaciones de rigor, deben reconocerse como válidos –*prima facie*– los mecanismos procesales ya identificados; a saber: (i) La figura del amparo constitucional con el objeto de restituir de la situación jurídica infringida y hacer cesar la violación de los derechos fundamentales del trabajador y/o su amenaza; y (ii) las acciones civiles, en caso que la persona afectada aspire la obtención del resarcimiento de los daños causados con ocasión del ejercicio abusivo del Poder de Control y Vigilancia Patronal.

Asimismo, sin perjuicio de la posibilidad del ejercicio de cualquiera de las vías antes señaladas, el trabajador afectado podría dar inicio también a una acción penal cuando la conducta del patrono o empleador se enmarque en alguno de los tipos penales abordados a lo largo del presente capítulo (cuyo tratamiento pormenorizado se da por reproducido).

Finalmente, habida cuenta la existencia de la relación laboral, es preciso formular consideraciones en torno a la ruptura o finalización unilateral del contrato de trabajo y la correspondencia o no de indemnizaciones adicionales.

Se ha afirmado en distintas oportunidades a lo largo del presente libro, que entre nosotros el desarrollo normativo sobre el tema que nos ocupa no ha sido precisamente el más fértil –a pesar de su importancia–. Ello, no obstante la extensa instrumentación con la que hoy cuentan el trabajo y la seguridad social en Venezuela.

A pesar de lo anterior, también se ha hecho hincapié en que el actual artículo 17 del RLOT estableció acertadamente en su literal "d)" como deber fundamental del patrono o empleador, el respeto a la dignidad del trabajador y por tanto, su intimidad y libertad de conciencia, lo cual –tal y como se afirmó en el primer capítulo– deviene en el reconocimiento de un derecho correlativo en cabeza del otro sujeto del contrato de trabajo (en este caso, el trabajador).

Por lo tanto, la pregunta sería si el ejercicio abusivo del Poder de Control y Vigilancia por parte del patrono que deviene en la negación del derecho a la intimidad del trabajador, puede dar lugar a la terminación de la relación laboral bajo el escenario del retiro justificado.

No es preciso hacer muchas elucubraciones jurídicas para concluir afirmativamente a tal cuestión, pues responder algo distinto sólo sería un divertido desatino en el cual se pretendería que, en un escenario de violación de los derechos fundamentales, el trabajador no pueda dar por finalizada la relación laboral o tenga que hacerlo asumiendo que se trató de una renuncia no justificada.

No obstante lo anterior, en obsequio a la formalidad que reviste la presente obra, basta con revisar el contenido del artículo 80 de la LOTT para confirmar la apreciación anterior. En efecto, dicha norma establece las causas justificadas de retiro siendo que entre ellas se precise como hechos del patrono que dan lugar a la ruptura del contrato de trabajo: "…g) Cualquier acto que constituya falta grave a las obligaciones que le impone la relación de trabajo…".

Por ende, si es un deber fundamental del patrono (*ex* artículo 17 RLOT) respetar la intimidad del trabajador y; en ejercicio del Poder de Control y Vigilancia éste ejecuta hechos o acciones que se traducen en la negación al trabajador de dicho derecho fundamental, ello equivale a calificar las acciones del patrono como una falta grave a las obligaciones y/o deberes que ha de observar en el marco del contrato de trabajo.

En consecuencia, se trataría de un retiro justificado del trabajador, por lo que a tenor de lo establecido en el artículo 100 de la LOTTT, el trabajador tiene derecho a recibir, además de sus prestaciones sociales, un monto equivalente a éstas por concepto de indemnización.

Es importante destacar, que la procedencia de la indemnización antes mencionada, no es óbice para que el trabajador exija además una indemnización compensatoria por el daño moral que haya podido ocasionársele (V., Si el patrono decidiere darle publicidad a contenidos de los que ha tenido conocimiento cuando irrumpió el derecho a la intimidad del trabajador, sometiéndolo al desprestigio o escarnio público de los demás compañeros de labor y/o de terceros).

CAPÍTULO V

EL PODER DE CONTROL Y VIGILANCIA PATRONAL Y EL DERECHO A LA INTIMIDAD DE LOS TRABAJADORES EN SITUACIONES EXTRALABORALES

Habida cuenta el análisis sobre el contenido y alcance del Poder de Control y Vigilancia, así como también del Derecho a la Intimidad (capítulos I y II respectivamente), en los capítulos III y IV se desarrolló el estudio de las correlaciones existentes entre éstos, tanto en situaciones precontractuales (siendo más exacto hablar allí de prerrogativas del sujeto contratante) como en el contexto del desarrollo de la relación laboral propiamente dicha (donde la expresión del Poder de Control y Vigilancia se limitó a constatar el cumplimiento de las obligaciones por parte del trabajador).

En esta oportunidad, corresponde analizar la posibilidad o no de ejercer legítimamente del Poder de Control y Vigilancia más allá de su radio de acción natural, esto es, más allá de la constatación o verificación sobre el cumplimiento de las obligaciones del trabajador con arreglo a las instrucciones impartidas por el patrono o empleador.

En entender de quien suscribe, para destilar –entre todos los escenarios posibles– aquellos que habrán de denominarse 'situaciones extralaborales', es preciso aplicar tres (3) condicionantes; a saber: temporal, material y espacial.

Veamos:

En cuanto a la *condicionante temporal*, la misma consiste en reafirmar que el ejercicio del Poder de Control y Vigilancia del

Patrono se circunscribe a la existencia de la relación laboral. Por ende, no estaría planteado su ejercicio una vez finalizado el contrato de trabajo.

En efecto, si bien es cierto el maestro Caldera (1981, p. 349) afirma que "...a diferencia de lo ocurrido con otras figuras jurídicas, la terminación de la relación de trabajo no pone fin a los derechos y obligaciones de las partes sino que hace surgir nuevos derechos", tal pensamiento guarda relación con el análisis respecto de cómo brindar garantías suficientes a quienes prestaron servicios por cuenta ajena y bajo la dependencia de otro, de suerte que puedan acceder a nuevos empleos sin que la acción u omisión del ex-patrono (informes confidenciales, malas referencias, no emisión de cartas de recomendación a unos trabajadores por contraposición a otros que si las ostentan) sea un obstáculo para ello.

Por lo tanto, aunque en la práctica exista la posibilidad que en la etapa post-contractual determinadas acciones u omisiones del ex-patrono afecten la *empleabilidad* del ex-trabajador (e incluso lleguen a significar el quebrantamiento sucesivo de su derecho a la intimidad), ello no es argumento para concluir que tales conductas refieren al Poder de Control y Vigilancia, pues no basta con decir que la información usada abusivamente en perjuicio del ex-trabajador fue obtenida previamente con ocasión del ejercicio de dicho Poder.

Respecto de la *condicionante material*, con ella quien suscribe quiere destacar que para que se trate de una 'situación extracontractual', la aplicación del Poder de Control y Vigilancia no debe recaer directamente sobre la verificación en cuanto al cumplimiento de las obligaciones del trabajador, sino sobre otros aspectos –incluso de su vida privada entendida esta en los términos esgrimidos en el segundo capítulo del presente libro– siempre que tengan incidencia directa en la prestación laboral.

En efecto, si el ejercicio del Poder de Control y Vigilancia recae directamente sobre la verificación del cumplimiento de las obligaciones del trabajador, estaría en su radio de acción natural, por lo que tal escenario debe ser analizado a la luz de los lineamientos trazados en el capítulo IV del presente libro. Se trata entonces que no recaiga en su radio de acción natural, sino en otros aspectos, siempre que estos tengan incidencia directa en la prestación laboral (pues decir algo distinto conllevaría a validar su ejercicio absoluto e indiscriminado).

Finalmente la *condicionante espacial*, por medio de la cual se realza la inconveniencia de descartar *a priori* el ejercicio del Poder de Control y Vigilancia fuera de la jornada de trabajo y/o más allá de los predios de la empresa. Quizá, sobre lo último exista menos resistencia habida cuenta el análisis ofrecido en el capítulo IV en el punto relativo al trabajo a distancia, no así sobre la extensión del ejercicio de dicho Poder más allá de la jornada de trabajo (punto que será abordado de en el segundo acápite del presente capítulo).

Es importante destacar que, a los efectos del presente capítulo, no se considerará como ejercicio del Poder de Control y Vigilancia en 'situaciones extralaborales' aquellos casos en los cuales las acciones que ejecuta el patrono van en razón del cumplimiento de un deber establecido por el ordenamiento jurídico, sino solamente aquellas que cumplan con los criterios antes establecidos.

Baste citar como ejemplo, la actividad contralora ejercida por el patrono con ocasión de la constatación del estado de salud del trabajador. Allí no se trata propiamente del ejercicio del Poder de Control y Vigilancia, sino del cumplimiento de un deber establecido en el ordenamiento jurídico, que cómo se apuntó en el capítulo II, en el fondo involucra un deber patronal de confidencialidad y por tanto de no revelación de la información que pueda tener a su alcance con ocasión del cumplimiento de sus obligaciones en materia de seguridad y salud laboral.

Corolario de todo lo dicho y en aplicación de las condicionantes antes enunciadas, se ha identificado dos (2) situaciones que califican como 'extracontractuales'. El primero de ellos, referido al control ejercido con el objeto de evitar la sustracción de bienes que son propiedad de la empresa. El segundo, relativo a las circunstancias de la vida privada del trabajador con trascendencia laboral.

Finalmente, se hará mención a los aspectos procesales de cara a la protección de la persona afectada por el abuso en el ejercicio del Poder de Control y Vigilancia patronal en situaciones extralaborales.

1. *El control y vigilancia patronal con el objeto de evitar la sustracción de bienes que son propiedad de la empresa*

Señala Livellara (2003, 63) que es posible que la empresa resulte lesionada cuando los trabajadores sustraen materiales que de ordinario se utilizan en la producción, o incluso productos que esta elabora o vende. En ese sentido –a la luz del derecho argentino– precisa el autor referido que es admisible que el patrono o empleador "...adopte sistemas de controles personales, <u>siempre que se ajusten a las pautas de razonabilidad y de indemnidad del trabajador...</u>" (el subrayado es de quien suscribe).

En ese sentido, son cinco (5) las pautas que desprende Livellara (2003, 63-64) de la legislación laboral argentina; a saber: (i) Los controles deben destinarse a la protección de los bienes del empleador no siendo permisible su uso con finalidades distintas o encubiertas, (ii) no pueden 'herir' la dignidad física y moral del trabajador, (iii) deben practicarse con discreción, (iv) no pueden ser discriminatorios, por tanto deben hacerse por "medios de selección automáticos destinados a la totalidad del personal; y (v) la administración del trabajo debe estar en conocimiento de su puesta en práctica, pudiendo constatar cuando lo estime conveniente que los sistemas aplicados "...no afecten en forma manifiesta y discriminada la dignidad del trabajador".

Entre nosotros no existe una instrumentación respecto de la implementación de dichos mecanismos, lo cual no debe entenderse *a priori* como prohibición absoluta ni tampoco como habilitación para su ejercicio sin restricción alguna.

Por ello, en entender de quien suscribe deben tomarse en consideración al menos dos (2) aspectos a los fines de precisar su adecuación o no con el ordenamiento jurídico venezolano; a

197

saber: (i) El fin que persigue el mecanismo y dentro de éste el alcance del deber de lealtad y colaboración del trabajador; y (ii) que su implementación no devenga en la negación de los derechos fundamentales de los trabajadores.

Respecto del primer aspecto, el fin de este tipo de controles consiste –básicamente– en *evitar la sustracción de bienes que son propiedad de la empresa*. Por lo tanto, no debe admitirse la implementación de mecanismos que si bien en apariencia están destinados a evitar que los trabajadores sustraigan materias primas, productos terminados y en general bienes que son propiedad de la empresa, en la práctica sean utilizados por el patrono con propósitos diferentes.

La dificultad de lo antes expuesto estriba en discernir o mejor descifrar cuándo el propósito del patrono o empleador es realmente evitar la sustracción de bienes y cuándo la implementación de tales mecanismos se utiliza como pretexto para el desarrollo de finalidades distintas o ajenas al control sobre el robo o hurto de materias primas, productos terminados y en general de los bienes que son propiedad de la empresa.

En entender de quien suscribe, al margen de las peculiaridades del caso concreto, para descifrar la real intención del patrono con ocasión de la implementación de este tipo de mecanismos de control no basta con tener en cuenta si las características del trabajo suprimen o no toda posibilidad de sustracción por parte de los trabajadores de materias primas, productos terminados y en general de los bienes que son propiedad de la empresa, sino que además ha de observarse al menos el análisis de los siguientes factores:

(i) La existencia o no de otros medios que resulten menos gravosos para el trabajador al tiempo que permitan conseguir el fin inicial de este tipo de controles,

(ii) La viabilidad de implementación de los mecanismos alternativos que pudieren existir

(iii) La oportunidad en que fue implementado el mecanismo; y

(iv) Permanencia en el tiempo.

En efecto, es menester considerar –en primer lugar– si existen o no otros medios distintos al implementado por el patrono o empleador que permitan controlar la sustracción de materias primas, productos terminados y otros bienes propiedad de la empresa, pues de ser así cabe preguntarse si esas otras alternativas son o no menos gravosas para el trabajador. En el caso que la respuesta a esta segunda cuestión sea afirmativa, aun será preciso resolver por qué se optó por dicha modalidad y no por alguna otra del elenco excluido (ya que dependiendo de la respuesta obtenida podría estarse o no ante un indicio de un uso tergiversado del mecanismo de control).

Ahora bien, es posible que aun cuando existan otros mecanismos de control diferentes al que el patrono decidió utilizar, su implementación no resulte viable (por ejemplo por no contar con el desarrollo tecnológico necesario o por implicar este un monto de inversión de una magnitud tal que genere una desproporción respecto del beneficio de su implementación).

En estos casos, no podría decirse –en principio– que la medida originalmente adoptada por el patrono tenía propósitos distintos a los de controlar la sustracción de materias primas, productos terminados y otros bienes propiedad de la empresa.

En tercer lugar, como fórmula de descarte en la siempre difícil y delicada labor de determinación de la intencionalidad patronal con ocasión de la adopción de medidas de control (que en principio se anuncian con el propósito de evitar la sustracción, por parte de los trabajadores, de materias primas, productos terminados y otros bienes propiedad de la empresa) corresponde atender a la *oportunidad en que se implementa el control sometido a examen.*

En ese sentido, quien suscribe considera que no puede pasar inadvertido el momento en el cual, el patrono o empleador decide implementar el control en estudio, toda vez que allí subyacen elementos que podrían ser de relevancia para revelar la intención real de su adopción.

Dos (2) situaciones son suficientes para desarrollar el punto en consideración. En la primera de ellas, el mecanismo de control se acogió luego de constatar –a través de resultados de diversas auditorías practicadas– inconsistencias importantes en las existencias del almacén de la empresa. En la segunda de ellas, los mecanismos se incorporan de forma célere tras el nacimiento de un sindicato, en un marco donde la conducta previa del patrono o empleador fue marcadamente hostil, aunque sin sobrepasar los límites relativos a la injerencia indebida que los Tratados Internacionales, la Constitución y las leyes prohíben a título expreso durante la conformación de este tipo de organizaciones.

En el primero de los escenarios, no hay duda que ha sido la legítima preocupación del patrono o empleador exteriorizada en acciones tendientes a evitar pérdidas adicionales de materia prima, productos terminados y, en general, de los bienes que son propiedad de la empresa, lo que le impulsa a la aplicación de este tipo de medidas.

En cambio en el segundo de los casos, para descartar que el propósito encubierto del patrono o empleador era enervar la actuación y desenvolvimiento de la organización sindical a través del hostigamiento de sus miembros, habría que hacerse planteamientos adicionales no solo en cuanto al tipo de control implementado, sino además respecto de la forma de determinar a qué trabajadores le serían aplicables –entre otros aspectos–.

Finalmente, en cuanto a la *permanencia en el tiempo*. De suyo, un mecanismo adoptado con la intención real de controlar la sustracción –por parte de los trabajadores– de materias primas, productos terminados y en general de los bienes que son propiedad de la empresa, no se instituye con carácter temporal sino más bien con vocación de permanencia, de perdurabilidad en el tiempo.

Atención porque lo anterior no quiere decir que al patrono o empleador le esté vedado definir o modificar el método de selección de las personas sobre quienes recaerá el mismo, pues sobre este último particular basta con establecer un método *objetivo*, vale decir, desprovisto del capricho por parte de quien lo aplica, para diluir cualquier rasgo de hostigamiento, acoso o incluso discriminación de un trabajador individualmente considerado.

Tampoco quiere decirse que tales mecanismos son inmutables, por lo que si bien generalmente exhiben constancia en su aplicación, pueden sufrir ajustes que permitan su adaptabilidad a las nuevas vicisitudes que se desprendan de cambios en el proceso productivo, en la forma de organizar el trabajo e incorporación de nuevas tecnologías entre muchos otros.

Corolario de lo antes dicho, la adecuación al ordenamiento jurídico venezolano del control y vigilancia patronal con el objeto de evitar pérdidas adicionales de materia prima, productos terminados y, en general, de los bienes que son propiedad de la empresa, debe tomar en cuenta, en primer lugar, *el fin que persigue el mecanismo y dentro de éste el alcance del deber de lealtad y colaboración del trabajador.*

En ese sentido, constituyen factores relevantes para descifrar la real intención del patrono con ocasión de la implementación de este tipo de mecanismos de control (y determinar así la existencia o no de finalidades encubiertas), entre otros los siguientes elementos: (i) La existencia o no de otros medios que resulten menos gravosos para el trabajador al tiempo que permitan conseguir el fin inicial de este tipo de controles, (ii) la viabilidad de implementación de los mecanismos alternativos que pudieren existir, (iii) la oportunidad en que fue implementado el mecanismo; y (iv) la permanencia en el tiempo.

Ahora bien, se afirmó *ut supra* que el fin perseguido en este tipo de controles está directamente emparentado con el deber de lealtad y colaboración por parte del trabajador. A este tenor, tal y como se ha señalado en capítulos precedentes, entre nosotros el artículo 18 del Reglamento de la Ley Orgánica del Trabajo vigente, precisa entre los deberes fundamentales del trabajador, el llamado 'deber de fidelidad' y 'ánimo de colaboración' en la prestación de servicios.

Ello se traduce –en el contexto del análisis del presente acápite– en la máxima contribución posible por parte de los trabajadores con miras a que los mecanismos de control implementados por el patrono o empleador gocen de la mayor eficacia posible.

Eso no quiere decir, que cada trabajador tiene que convertirse en una suerte de detective o que deba conformar una red de inteligencia secreta que opere en la empresa con el propósito de dar a conocer los nombres de presuntos involucrados en la sustracción de materias primas, productos terminados y en general de los bienes que son propiedad de la empresa.

Tampoco se refiere a que los trabajadores deban proponer mejoras a las formas de control existentes –aunque tal conducta sea bienvenida como acto voluntario–. Se trata más bien, de la no obstaculización o sabotaje por parte de los trabajadores respecto de los mecanismos incorporados por el patrono o empleador y en un sentido más estricto, la no resistencia *injustificada*.

Cuando se hace referencia a la 'no resistencia injustificada' con ello se quiere decir que salvo que la aplicación de los controles *in comento* se traduzcan en la negación de cualesquiera de los derechos fundamentales, el trabajador no debe convertirse en un obstáculo para la efectiva implementación de los mismos, sino que más bien está llamado a permitir –cuando no tolerar– su implementación.

De suerte que, existan quienes sostienen que la resistencia injustificada del trabajador a someterse a este tipo de controles, deviene en una falta grave a las obligaciones que impone la relación de trabajo cuyo derrotero final sería el despido del trabajador.

Aunque en Venezuela, casos como este no han trascendido jurisprudencialmente, en el Derecho Argentino Livellara (2003, p. 64) hace referencia a dos (2) fallos de instancia, siendo que en uno de ellos (de fecha 23 de julio de 1977 y que corresponde a la Sala VI) se precisó que el respeto del sistema de control de salida de una empresa está vinculado a la seguridad de la misma, en razón de lo cual "...su violación constituye falta grave que justifica el despido, aunque no se concrete un perjuicio material a la empresa en razón de dicha violación".

Por otra parte, la no negación de los derechos fundamentales de los trabajadores –como se ha afirmado– constituye el segundo atributo para determinar la adecuación de este tipo de controles al ordenamiento jurídico venezolano.

En ese sentido, a lo largo del presente trabajo se abordaron distintos escenarios en los cuales el derecho a la intimidad se constituye en límite del Poder de Control y Vigilancia del patrono, por lo que basta invocar la aplicación de la metodología ya desarrollada a propósito de la restricción o limitación de los derechos humanos y/o fundamentales como soporte teórico para la situación en análisis.

Es preciso indicar, que determinadas acciones patronales (a propósito de la implementación de controles para evitar la sustracción de materia prima, productos terminados y, en general, de los bienes que son propiedad de la empresa) pueden exponer no solo el derecho a la intimidad del trabajador sino además su dignidad, así como también materializar la violación del principio de igualdad y no discriminación.

Si bien *prima facie*, el amalgamiento entre el Poder de Control y Vigilancia Patronal y el derecho a la intimidad de los trabajadores (lo mismo vale decir de los demás derechos fundamentales enunciados *supra*) implica que éste deba respetar, permitir –cuando no tolerar– los mecanismos de control implementados por el patrono o empleador, tal situación no comporta un carácter absoluto.

Por lo tanto, en el momento que el medio, sistema, mecanismo o forma de control implementada por el patrono o empleador devenga no en la restricción de uno o varios derechos fundamentales del trabajador sino en su negación, debe concluirse que el mismo es abusivo y por tanto contrario al ordenamiento jurídico venezolano.

Sin embargo, lo anterior no es suficiente y no relevará del análisis de los aspectos formales y materiales que ha propósito de la delimitación y alcance de los derechos humanos y/o fundamentales (desarrollados en el acápite 2.2. del capítulo II) corresponde aplicar de cara a la evaluación del mecanismo o forma de control específico que el patrono o empleador aspire incorporar con el objeto de evitar la sustracción de materia prima, productos terminados y, en general, de los bienes que son propiedad de la empresa.

2. Circunstancias de la vida privada del trabajador con trascendencia laboral

Corresponde en este segundo acápite abordar la extensión del Poder de Control y Vigilancia del patrono a circunstancias de la vida privada del trabajador <u>con trascendencia laboral</u>, aspecto que parte de la importante distinción entre el derecho a la intimidad y 'vida privada' analizada en el segundo capítulo del presente trabajo y que se da por reproducida.

Se ha subrayo la expresión 'con trascendencia laboral' con el objeto de hacer hincapié en cuanto a que no se trata de todas las circunstancias de la vida privada del trabajador, pues este capítulo versa sobre el estudio de la aplicación del Poder de Control y Vigilancia en situaciones *extralaborales*, lo que por tanto exige cumplir la *condicionante material*, la cual fue tratada al inicio del presente capítulo.

Teniendo en cuenta lo anterior, conviene comenzar por reconocer que suele existir una importante resistencia en cuanto a la admisión de la extensión del Poder de Control y Vigilancia del patrono o empleador en la vida privada del trabajador. Tal cuestión encuentra su raíz jurídica e histórica en el hecho por el cual la regla ha sido -y es- la protección de la vida privada del trabajador, en tanto que su afectación devenida en el curso de la relación de trabajo ostenta un carácter muy excepcional.

De allí que se afirme, que si bien la protección de la vida privada del trabajador es legítima, no sólo desde la óptica jurídica sino además desde el punto de vista social, no ostenta un carácter absoluto y puede ceder <u>excepcionalmente</u> ante el Poder de Control y Vigilancia Patronal en determinados supuestos que tienen trascendencia laboral.

En efecto, piénsese por ejemplo en el trabajo de los deportistas profesionales. Allí suelen existir restricciones importantes de su vida privada durante el período de una competición deportiva, siendo que normalmente a estas personas no se les permita ingerir determinados tipos de bebida o disponer a plena libertad del tiempo restante luego de las sesiones de entrenamiento y/o de la competencia en estricto sentido.

Más aún, muchos de estos contratos –bajo el argumento del riesgo por exposición a lesiones– suelen restringir, cuando no prohibir, la posibilidad del trabajador en cuanto a ejecutar otras actividades físicas (no necesariamente de la misma índole o naturaleza respecto de las que de ordinario practica) fuera de la temporada regular del deporte respectivo, salvo que se trate de los entrenamientos preliminares con el equipo, selección o divisa respectiva, o que se expida el permiso respectivo.

Entre nosotros, si bien es cierto que la Ley Orgánica del Trabajo vigente contiene una regulación para los deportistas profesionales (artículos 293 y siguientes) allí no se hace referencia a la posibilidad de aplicar o no el Poder de Control y Vigilancia del patrono a la vida privada en este tipo de trabajo.

Tal situación –en entender de quien suscribe– se traduce en que excepcionalmente pueda aplicarse dicho poder, siempre que: (i) Su contenido y alcance no trasgreda los criterios formales y materiales que han de seguirse para la limitación de los derechos humanos y/o fundamentales; y (ii) no sea posible contener o frenar las repercusiones que la vida privada tenga en el ámbito laboral con controles aplicados a la prestación de trabajo (este último aspecto tomado de Sala, 1999).

Aunado a lo anterior, existe un escaso desarrollo de la doctrina nacional no sobre el tratamiento del régimen jurídico de los trabajadores deportistas profesionales, sino en cuanto a la aplicabilidad del Poder de Control y Vigilancia del Patrono en la vida privada de aquellos.

La doctrina extranjera en cambio, ha venido reconociendo el carácter excepcional de la aplicación del Poder de Control y Vigilancia del Patrono en determinadas circunstancias de la vida privada del trabajador (con sus bemoles claro está).

Sala (1999, p. 227) por ejemplo sostiene –a propósito del derecho español– que puede justificarse excepcionalmente las injerencias empresariales en la vida privada del trabajador cuando su conducta pueda causar efectos negativos para la empresa, aspecto que se concreta en su decir, en situaciones de "pérdida de imagen o de prestigio, lo que puede repercutir lógicamente en sus beneficios económicos".

Sin embargo, a propósito del régimen jurídico español relativo a los trabajadores deportistas, el precitado autor sostiene lo siguiente:

> Ni siquiera en el caso de los deportistas profesionales, sobre los que, con frecuencia los clubes imponen obligaciones extralaborales amparándose en el artículo 17.2 RD 1006/1985 de 26 de junio, que permite sancionar por <<conductas extradeportivas>> cuando <<repercutan grave y negativamente en el rendimiento profesional del deportista o menoscabe de forma notoria la imagen del club o entidad deportiva>>. También aquí bastaría probablemente con exigir determinados rendimientos y sancionar las disminuciones relevantes (Sala, 1999, p. 228).

Del pasaje antes citado se desprende que Sala (1999) es de la opinión según la cual la regla apunta al control de la prestación del trabajo (exigencia de niveles de rendimiento y sanción de disminuciones significativas) y no a la vida privada del trabajador (que sería la excepción).

El criterio anterior se reitera cuando dicho autor concluye de manera similar su análisis sobre los supuestos de embriaguez habitual, alcoholismo y drogadicción. En efecto, luego de sostener que tales circunstancias tampoco deben ser controladas empresarialmente salvo que repercutan negativamente en el trabajo, concluye diciendo que: "...las más de las veces bastará con controlar la prestación de trabajo, exigiendo no absentismo y rendimientos" (Sala, 1999, p. 228).

Por su parte, Livellara (2003) no obstante afirmar que la protección a la vida privada del trabajador es la regla, reconoce con menos rubor que existen diversos casos en los que se produce la llamada *laboralización de la conducta privada del trabajador*, identificando dos (2) clasificaciones o situaciones generales donde la actuación privada de quien presta servicios por cuenta ajena y bajo la dependencia de otro tiene repercusiones negativas respecto de su vínculo laboral.

La primera de ellas refiere a las *circunstancias en las cuales existe una relación de trabajo de naturaleza especial*, esto es, que exigen comportamientos determinados en la vida privada del trabajador como consecuencia de los compromisos que devienen del contrato celebrado (citando como ejemplo los casos de altos empleados con representación pública de la empresa y los deportistas profesionales).

Respecto del trabajo de los deportistas profesionales Livellara (2003, p. 69) es de opinión distinta a la de Sala, cuando afirma lo siguiente: "Otro caso que también puede incluirse en este grupo es el de ciertas actividades, como la de los deportistas, a los que se les exige una vida privada ordenada y metódica, para preservar su normal rendimiento profesional".

La segunda categoría dentro de la clasificación formulada por el autor *in comento* es aquella según la cual *hechos extraños a la relación laboral generan graves repercusiones en la reputación y prestigio de la empresa, o bien afectan la convivencia laboral.*

Destaca Livellara (2003, p. 70) con base a la legislación laboral de Argentina, que allí lo esencial no es la posición que ocupe el trabajador en la empresa sino que la actuación extralaboral devino en un hecho de grave repercusión o social "...o que por su proyección dentro del propio ámbito de la empresa afecta su normal actividad, llegando a configurar su actuar una injuria grave que podrá llegar a rescindir justificadamente su vínculo laboral".

Los ejemplos son múltiples, aunque el autor hace hincapié en aspectos penales, muy especialmente en supuestos relativos a corrupción de menores, acoso sexual e incluso denuncias penales. En este último supuesto, Livellara (2003) distingue las consecuencias jurídicas (básicamente en cuanto a la correspondencia o no del despido) con base al examen de los hechos imputados, los cuales en caso de traducirse (directa o sobrevenidamente) en una *injuria laboral* darían fin a la relación trabajo; y viceversa, de ser irrelevantes para el desarrollo del contrato de trabajo no podrían traducirse en la ruptura del vínculo laboral.

Finalmente, se refiere a lo que da en denominar 'embriaguez o toxicomanía del trabajador en su vida privada' donde *mutatis mutandi* ofrece una respuesta similar y compatible con la ya apuntada por Sala (1999) a propósito del derecho español.

Corolario de lo antes apuntado, podríamos afirmar –para el caso venezolano– que:

(i) Si bien la protección de la vida privada del trabajador es la regla, tal derecho no ostenta un carácter absoluto, en razón de lo cual podrá ceder excepcionalmente ante el Poder de Control y Vigilancia Patronal en determinados hechos de la vida privada del trabajador, siempre que estos sean de trascendencia laboral.

(ii) Aunque a la fecha no existe regulación expresa en cuanto a la posibilidad de aplicar el Poder de Control y Vigilancia a la vida privada del trabajador, la respuesta será afirmativa sí y sólo sí, en primer lugar, su contenido y alcance no trasgrede los criterios formales y materiales que han de seguirse para la limitación de los derechos humanos y/o fundamentales; y en segundo lugar, no sea posible contener o frenar las repercusiones que la vida privada del trabajador tenga en el ámbito laboral con controles aplicados a la prestación de trabajo.

3. *Aspectos procesales de cara a la protección de la persona afectada*

Finalmente, respecto de los aspectos procesales de cara a la protección de la persona afectada. Aun y cuando el tópico procesal no ofrece muchas diferencias respecto de los mecanismos ya tratados en los capítulos precedentes, dado que el amalgamiento no es perfecto, devino en necesario repasar este punto y no dejar un vacío precisamente en el último capítulo del trabajo que nos ocupa.

A los fines de no repetir el contenido ya apuntado en los capítulos III y IV, conviene atender aquí a un par de preguntas en el breve desarrollo del presente acápite. La primera de ellas, relativa a si ¿existe o no nuevas alternativas procesales que se activen con ocasión de los contenidos abordados en el capítulo V del presente libro? La respuesta es quizá la más sencilla si se le compara con todas las anteriores que han sido formuladas a lo largo del presente trabajo: No.

En efecto, si bien las causas para ocurrir al poder judicial en busca de una respuesta con seguridad son muy distintas a las esgrimidas en los dos (2) capítulos anteriores, los mecanismos procesales que puedan habilitarse a los fines de ventilar la pretensión del actor no son diferentes a los ya expuestos. Sin embargo, no todos los mecanismos expuestos previamente (capítulos III y IV) son aplicables a las situaciones contenidas en este último capítulo.

De suerte que la segunda cuestión que debe responderse ahora es ¿cuáles mecanismos de los tratados en capítulos anteriores mantienen su carta de ciudadanía y cuáles no resultan aplicables?

En entender de quien suscribe, se mantienen como vías procesales el amparo constitucional, también las acciones civiles en caso que la persona afectada aspire el resarcimiento de los daños causados (incluso el moral); y las que son propias de la extinción de una relación laboral.

Dado que las conductas en análisis no desembocan en hechos delictivos (al menos no en principio) no tendría cabida lo apuntado en el capítulo cuatro respecto de las acciones penales que podía ejercer el trabajador en los supuestos de hechos abordados en dicha ocasión.

CONCLUSIONES

En las páginas precedentes, se desarrolló una investigación cuyo propósito consistió en analizar el Derecho a la Intimidad como límite al Poder de Control y Vigilancia patronal. A tales fines, el esquema consistió en delimitar primero el contenido, alcance y naturaleza jurídica tanto del Poder de Control y Vigilancia patronal como del Derecho a la Intimidad; y analizar después la coexistencia de ambos derechos en tres escenarios diferentes clasificados como situaciones precontractuales (donde no cabe hablar exactamente de Poder de Control y Vigilancia sino más bien de 'Prerrogativas del Sujeto Contratante') situaciones circunscritas a las obligaciones estrictamente laborales; y situaciones extralaborales.

En ese sentido, el primer capítulo partió de la aproximación conceptual al Poder de Dirección, para abordar la delimitación y naturaleza jurídica del Poder de Control y Vigilancia del patrono. Tal cometido implicó el análisis de las más variopintas definiciones, luego de lo cual se optó por ensayar una definición propia.

Según esta, por Poder de Dirección y Vigilancia debe entenderse aquel derecho subjetivo en cabeza del patrono compuesto por un elenco de facultades, atribuciones, potestades o prerrogativas, que son ejercidas por su titular con el propósito de verificar el cumplimiento de los trabajadores en cuanto a las instrucciones impartidas, así como en general de aquellas obligaciones que con ocasión del contrato de trabajo deben observarse durante su ejecución; que comporta limitaciones de orden espacial, temporal y de contenido (muy especialmente el derecho a la dignidad e intimidad del trabajador); cuyo origen no se explica en modo suficiente con arreglo al derecho de propiedad y/o libertad de empresa, sino que requiere tomar en cuenta el carácter responsable de la comunidad laboral, el contrato de trabajo y el reconocimiento del Estado en virtud de su interés por el bien común.

Lo propio ocurrió con el Derecho a la Intimidad, el cuya definición, delimitación y naturaleza jurídica fueron abordados en el segundo capítulo, con la particularidad que dada lo complejo de tal aprehensión, se tomó como punto de aproximación inicial el tratamiento 'no-jurídico' de la intimidad recorriendo su acepción en otras disciplinas (la psicología, sociología y filosofía básicamente). Luego de tal cometido y no sin antes contraponer distintas posturas jurídicas (nacionales y extranjeras) respecto de la definición del Derecho a la Intimidad, se optó también por ensayar una definición propia de este derecho.

Según esta, por Derecho a la Intimidad se entiende aquel que es inherente a la persona por su simple condición de tal y que fundamentado en la dignidad, confiere a su titular medios y mecanismos amparados por el ordenamiento jurídico, los cuales podrán ser ejercidos a voluntad, con el propósito materializar la conducta del individuo, que en razón del vínculo social de naturaleza bidireccional (esto es, de interrelación y mutua incidencia con la sociedad) establece gradaciones entre lo público y privado fijando contenidos –variables en el tiempo y en diversas organizaciones sociales– que están orientados a establecer un ámbito más reducido respecto de la vida privada, alejando o manteniendo al margen de dichos contenidos a terceros e incluso al Estado, siendo entendido que dicha exclusión o alejamiento comportará un carácter relativo.

Respecto del Poder de Control y Vigilancia patronal, hay que añadir que si bien su esencia, su filosofía, se halla en el régimen jurídico laboral venezolano vigente (y más en preciso en el propio contrato de trabajo) revelado en tratamientos indirectos o tangenciales de diversas normas; cuenta con muy escasa regulación así como también con limitado tratamiento jurisprudencial; de allí que en principio resulte cuesta arriba – al menos si se le analiza en forma aislada respecto de otras instituciones jurídicas y sin auxilio doctrinal– precisar su contenido, alcance y límites.

Por su parte, el Derecho a la Intimidad cuenta con un desarrollo más prolijo en el régimen jurídico venezolano aunque no necesariamente siempre asociado al ámbito de las relaciones de trabajo. En ese sentido, se procedió a clasificar las normas halladas en siete categorías, siendo que apenas dos de ellas correspondieron con tópicos laborales (normas relativas al ingreso y/o selección; y normas específicamente circunscritas al ámbito de las relaciones de trabajo, siendo este último grupo sub-clasificado en dos renglones: de contenido genérico y relativas a la salud del trabajador, respectivamente).

Tanto el Poder de Control y Vigilancia patronal, como el Derecho a la intimidad encuentran raíces constitucionales, y su naturaleza jurídica corresponde a la de un derecho humano y/o fundamental. Ello sin embargo, no les confiere un carácter absoluto sino más bien relativo. Por lo tanto, no están exentos de limitaciones o restricciones, habida cuenta que el ejercicio absoluto de uno de esos derechos deviene en la negación del otro en una relación bidireccional, casi siempre perfecta.

En efecto, constituye un aspecto común a los tres últimos capítulos del presente libro, el hecho por el cual, ambos derechos puestos en práctica de forma absoluta generan colisiones entre sí. En otras palabras, tanto en situaciones pre-contractuales, como una vez iniciada la relación de trabajo (bien aplicando el control estrictamente a las obligaciones laborales, o bien en aquellos en situaciones extralaborales) una aplicación absoluta del Poder de Control y Vigilancia patronal (o Prerrogativa del Sujeto Contratante, según fuere el caso) colisiona con el Derecho a la Intimidad de los trabajadores y viceversa.

Dada la naturaleza de ambos derechos, fue preciso buscar una fórmula que los amalgamara, de suerte que se produjera una interpretación que garantizara la coexistencia de ambos y no la superposición de uno sobre otro. El auxilio de la doctrina nacional y extranjera en materia de limitación o restricción de derechos humanos y/o fundamentales fue vital en este sentido y dotó de la fundamentación teórica que se requirió para explicar el completo entramado existente entre el Derecho a la Intimidad y el Poder de Control y Vigilancia patronal.

Como corolario de lo anterior y a la luz del régimen jurídico venezolano, puede entonces afirmarse que en el ámbito de las relaciones de trabajo, existen muchas situaciones en las cuales coexisten ambos derechos.

En las situaciones pre-contractuales donde (como se ha afirmado) no cabe hablar propiamente de Poder de Control y Vigilancia, sino más bien de Prerrogativas del Sujeto Contratante, se identificaron dos fases de suma importancia, de las cuales se obtienen insumos que bien utilizados son de utilidad para un adecuado procedimiento de reclutamiento y selección, pero que en desviación de su propósito original, ponen en riesgo el Derecho a la Intimidad de los trabajadores e incluso otros derechos y principios fundamentales (*V.* La información oral y escrita suministrada durante la entrevista, así como también los resultados de la aplicación de pruebas de conocimiento y pruebas psicológicas, exámenes médicos y corroboración de los datos suministrados por el trabajador).

Así, las indagaciones del sujeto contratante durante la fase de indagación, sólo resultan legítimas en la medida que estén circunscritas a los aspectos inherentes al cargo llamado a ocupar por el aspirante y se obtengan mediante la utilización de medios lícitos.

Ahora bien, el hecho de cumplir con lo anterior no confiere *a priori* una 'legitimación automática' en la fase siguiente (fase de uso o manejo de los datos obtenidos) toda vez que lo que está en análisis ya no es la obtención del contenido –fase de indagación– sino su destino. Como se expresó en el Capítulo III, una cosa es que el sujeto contratante tenga legitimación de acceso a la información en determinadas circunstancias y otra muy distinta es que se infiera que ello confiere a su vez la posibilidad de revelar o divulgar a terceros todo o parte del contenido obtenido de forma indiscriminada.

Si bien es cierto, el régimen jurídico laboral venezolano no es nada fértil sobre este particular, un buen punto de partida lo constituyen los principios generales contenidos en el Repertorio sobre Protección de los Datos Personales de los Trabajadores de la Organización Internacional del Trabajo.

En todo caso, quedaría la posibilidad de ejercer el amparo constitucional en caso de violación de alguno de los derechos humanos y/o fundamentales, intentado con el objeto de restituir la situación jurídica infringida.

En cuanto a la coexistencia del Poder de Control y Vigilancia patronal y el Derecho a la Intimidad durante el desarrollo de la relación de trabajo y respecto de las obligaciones laborales, se efectuó también un análisis diferenciado entre las formas clásicas de prestación de servicios y aquellas en las que incide el uso de tecnologías.

En lo que a formas clásicas de prestación de servicios se refiere, quien suscribe comparte con la doctrina extranjera analizada, el hecho según el cual pueden producirse dos tipos de controles. El primero de ellos (genérico) con el propósito de constatar que el trabajador cumple con su prestación, asiste regular y puntualmente, realiza las tareas asignadas y se halla en su sitio de trabajo. El segundo tipo de control (técnico) tendría por objeto atender al modo en cómo se ejecuta el trabajo.

Si bien es cierto –como se afirmó en el Capítulo IV– no es preciso que el legislador elabore un catálogo taxativo con los distintos métodos que puede utilizar o no el patrono para procurar la coexistencia de los derechos en examen en las formas clásicas de prestación de servicios, la verdad es que también el desarrollo jurídico en Venezuela a este respecto es bastante precario, siendo quizá la referencia más próxima aquella que proviene del Reglamento de la Ley Orgánica del Trabajo vigente (*ex* artículos 17 y 18) y que en definitiva sólo enuncian los derechos aquí tratados sin establecer pautas para ponderar si los métodos aplicados por el patrono en ejercicio de su función contralora constituyen o no prácticas abusivas que trasgreden los derechos fundamentales del trabajador en un caso específico.

De suerte que tal ausencia normativa deba ser atenuada –una vez más– teniendo en cuenta al menos tres aspectos; a saber: (i) La naturaleza jurídica de los derechos involucrados, (ii) el objeto del Poder de Control y Vigilancia patronal; y (iii) el principio de la buena fe que rige a los contratos de trabajo.

La incorporación del uso de tecnologías en el ámbito de las relaciones laborales, potencia el alcance del Poder de Control y Vigilancia patronal, hecho que muchas veces ocurre de forma sigilosa, lo que tensa aun más la coexistencia respecto del Derecho a la Intimidad de los trabajadores, poniéndola en riesgo. Los medios tecnológicos normalmente implementados (cámaras de video, registros telefónicos, registros de entrada y salida, controles de acceso interno y colocación de micrófonos) pueden pasar de ser formas legítimas de Control y Vigilancia patronal –o incluso medios de seguridad– y convertirse en medios de espionaje no permitidos por nuestro régimen jurídico al punto que, en determinadas circunstancias, la conducta patronal sea calificable en tipos penales específicos.

La informática apalancó aun más el Poder de Control y Vigilancia patronal. Si bien es cierto –como lo apunta la doctrina extranjera– tales medios pueden ser utilizados bajo estrictos criterios de objetividad y necesidad, en la práctica verificar tal cuestión no resulta del todo sencillo.

El principio de la buena fe cumple aquí un rol fundamental respecto del acatamiento en cuanto al uso que los trabajadores deben darle a los equipos informáticos, el cual (por tratarse de una herramienta de trabajo) generalmente está circunscrito al cumplimiento de las funciones del cargo, aun cuando en ocasiones en las empresas opera cierto grado de tolerancia cuyos límites implícitos suelen ser la no producción de daños en el equipo, programas, servidor o a terceros, la no utilización exacerbada en provecho personal de consumibles (tinta y papelería, entre otros); y que no signifique un agente permanente de distracción de modo tal que afecte el cumplimiento de las funciones del cargo.

No obstante lo anterior, con la bandera del Poder del Control y Vigilancia aplicada a los medios informáticos, el patrono puede constatar el cumplimiento o no de las normas verbales, escritas, implícitas o explicitas respecto del uso de los equipos informáticos, mediante un seguimiento de los registros de actividad y frecuencia, navegación por internet, cantidad, calidad y tipo de documentos generados; y más recientemente, combinaciones de los datos obtenidos respecto de un trabajador.

Una vez más, estos ingredientes combinados de forma correcta devienen en un ejercicio lícito del Poder de Control y Vigilancia y en ese sentido no reñido con el Derecho a la Intimidad de los Trabajadores, pero, bien podría ocurrir que los insumos obtenidos por el patrono o empleador proporcionen información que va más allá de lo necesario para determinar el correcto uso o no de los medios informáticos asignados a un trabajador.

Quien suscribe, es del criterio según el cual en principio no basta con el patrono informe a sus trabajadores respecto de las normas de uso de las herramientas o equipos informáticos, sino que para romper la expectativa de intimidad que éstos tengan, deben además ser notificados en cuanto al seguimiento y control que hará respecto de su uso, al tiempo que las medidas implementadas deben ser necesarias y no implicar la negación de los derechos humanos y/o fundamentales de los trabajadores involucrados.

Ahora bien, tal y como se precisó en el Capítulo IV, existen al menos tres escenarios donde no consideramos indispensable la previa notificación; a saber: (i) Cuando el patrono cuente con una orden judicial que así lo faculte (siendo que dicha decisión ha debido producirse en justa ponderación de los derechos fundamentales en colisión); (ii) cuando el propio trabajador consienta la revisión por escrito y sin constreñimiento alguno debidamente comprobado; y (iii) cuando se ejerza sin el conocimiento del trabajador siempre que la clandestinidad en su ejercicio constituya una 'condición indispensable para su efectividad'.

Lo anterior es también aplicable tanto a la navegación por internet como respecto del uso del correo electrónico. En cuanto a lo primero, tal y como se afirmó en el Capítulo IV, el ejercicio del Poder de Control y Vigilancia patronal debe ejecutarse en forma armoniosa respecto del Derecho a la Intimidad de los trabajadores, lo que no es óbice para incorporar mecanismos o programas informáticos que restrinjan la visita a determinadas páginas o portales, o la compilación de estadísticas y registros destinados a medir el comportamiento del trabajador.

Pero será preciso tener en cuenta si el uso de internet corresponde con los llamados 'servicios de comunicación', pues en caso afirmativo, debe tenerse en consideración lo establecido en el artículo 48 la Constitución vigente relativo a la inviolabilidad de las comunicaciones en cualquiera de sus formas. Si bien es cierto, quien suscribe considera que las comunicaciones electrónicas no son del todo comparables con la correspondencia epistolar, ambas quedan protegidas en el marco de referida norma constitucional, siendo que la violación de tal derecho no sólo habilitaría el amparo como vía para la restitución de la situación jurídica infringida, sino que además bien pudiera dar lugar a una acción penal por el delito de la violación a la privacidad en las comunicaciones.

Aun cuando el correo electrónico sea asignado por la empresa y a ella corresponda el dominio respectivo, la aplicación del Poder de Control y Vigilancia patronal sólo será posible sin menoscabo al Derecho a la Intimidad siempre que se cumplan las siguientes condiciones:

(i) Se formule la precisión según la cual el correo electrónico corporativo constituye una herramienta de trabajo y por tanto el trabajador debe abstenerse usarlo con fines ajenos a la prestación de servicios,

(ii) El patrono expresamente informe al trabajador sobre la implementación de programas u otros medios de control y vigilancia sobre el contenido de los correos electrónicos entrantes y salientes, y;

(iii) Que las medidas implementadas sean necesarias y no impliquen la negación de los derechos humanos y/o fundamentales de los trabajadores que se encuentren involucrados, siendo que toda interpretación restrictiva y/o limitativa deba hacerse considerando tanto aspectos formales (reserva legal, determinación o precisión de la regulación; y carácter orgánico de la ley) como materiales (licitud del fin perseguido, proporcionalidad, intangibilidad del contenido esencial del derecho; y compatibilidad con el sistema democrático).

Por otra parte, en lo que al trabajo a distancia respecta, quien suscribe comparte el criterio según el cual la actividad contralora no resulta tan difícil para el patrono o empleador, quien –en un marco de respeto a los derechos fundamentales de los trabajadores– puede diseñar herramientas e implementar sistemas que permitan el ejercicio de su Poder de Control y Vigilancia en las relaciones de trabajo a distancia (formas que normalmente se basan en la medición de los resultados producidos) sin desconocer que no siempre el teletrabajo es equiparable al trabajo a domicilio.

Finalmente, en cuanto a la coexistencia entre el Poder de Control y Vigilancia patronal y el Derecho a la Intimidad en situaciones extralaborales, en la investigación formulada tuvo a bien distinguirse (con base en la aplicación de condiciones temporales, materiales y espaciales) dos situaciones; a saber: (i) El control ejercido con el objeto de evitar la sustracción de bienes que son propiedad de la empresa; y (ii) las circunstancias de la vida privada del trabajador con trascendencia laboral.

En cuanto al control ejercido con el objeto de evitar la sustracción de bienes que son propiedad de la empresa, a diferencia de lo que ocurre en otros países, en Venezuela no existe una instrumentación respecto de su implementación, lo cual *a priori* no puede calificarse como una como prohibición absoluta ni tampoco como habilitación para su ejercicio sin restricción alguna.

No obstante lo anterior, tal y como se plasmó en el Capítulo V, en entender de quien suscribe deben tomarse en consideración al menos dos aspectos a los fines de precisar su adecuación o no con el ordenamiento jurídico venezolano; a saber: (i) El fin que persigue el mecanismo y dentro de éste el alcance del deber de lealtad y colaboración del trabajador (con todo lo que ello implica); y (ii) que su implementación no devenga en la negación de los derechos fundamentales de los trabajadores.

Respecto de las circunstancias de la vida privada del trabajador con trascendencia laboral, desde luego que es un escenario que genera una fuerte resistencia aun en la doctrina extranjera más calificada (algo que por cierto tiene su raíz jurídica e histórica). De allí que la mejor forma de abordar este planteamiento consistió en partir de la premisa según la cual la vida privada del trabajador es la regla y la excepción será el Poder de Control y Vigilancia patronal.

En entender de quien suscribe –en ausencia de regulación expresa en el caso venezolano– la aplicación de dicho Poder patronal se permitiría excepcionalmente, siempre que concurran dos aspectos. El primero de ellos relativo a que su contenido y alcance no trasgreda los criterios formales y materiales que han de seguirse para la limitación de los derechos humanos y/o fundamentales. El segundo –tomado de la doctrina extranjera– consiste en que no sea posible contener o frenar las repercusiones que la vida privada tenga en el ámbito laboral con controles aplicados a la prestación de trabajo.

REFERENCIAS BIBLIOGRÁFICAS

ABIOL, I. y BLASCO, A. *Proceso de Tutela de la libertad sindical y otros derechos fundamentales.* Tirant Lo Blanch. Valencia 1997.

Academia de Ciencias Políticas y Sociales (ACPS). *La Nueva Ley Orgánica del Trabajo,* ACPS, Caracas 1993.

AGUIAR, A. *La Protección Internacional de los Derechos del Hombre,* Academia de Ciencias Políticas y Sociales, Caracas 1987.

AGUIAR, Y. "Límites a las potestades jerárquicas del patrono en el uso de las nuevas tecnologías asignadas al trabajador", *Derecho del Trabajo y Derecho de la Seguridad Social.* UCAB / Fundación Universitas, Caracas 2011.

AGUSTINA, J. *La privacidad del trabajador versus Deberes de prevención del delito en la empresa,* Euros Editores, S.R.L., Buenos Aires 2009.

ALFONZO-GUZMÁN, R. *Didáctica del Derecho del Trabajo,* 3ª Ed., Imprenta Universitaria, Caracas 1981.

_____. *Nueva Didáctica del Derecho del Trabajo,* 10ª·Ed., Caracas 1999, A.A.S.

_____. *Nueva Didáctica del Derecho del Trabajo,* 12ª Ed., Editorial Melvin, Caracas 2011.

_____. *Otras caracas del prisma laboral.* Texto, Caracas 2005.

ALLES, M. *Elija al mejor. Cómo entrevistar por competencias*, 2ª Reimp., Granica, Buenos Aires 2005.

_____. *Selección por competencias*, Granica, Buenos Aires 2006.

ALONSO, M. y CASAS, Mª. *Derecho del Trabajo*, 17ª Ed. Civitas, Madrid 1999.

ALTÉS, J. "La especialidad procesal de la prueba en relación con la vulneración del derecho a la intimidad del trabajador. En especial con la vulneración de su libertad sexual. Trabajo y Libertades Públicas", *La Ley*, Madrid 1999.

ÁLVAREZ, J. *Restricciones de los Derechos Fundamentales*, Vadell Hermanos, Caracas 2010.

ÁLVAREZ, O. (Comp.). *Comentarios a la Ley Orgánica del Trabajo*, 2ª Ed., Horizonte, Barquisimeto 1999.

ÁLVAREZ, S. *Evolución del Derecho Laboral en Venezuela*, Academia de Ciencias Políticas y Sociales, Caracas 1993.

ARIAS, G. *El Proyecto de Investigación. Guía para su elaboración*. 3ª Ed., Epistemé, Metodología, Caracas 1999.

_____. *Mitos y errores en la elaboración de Tesis & Proyectos de Investigación*, Epistemé, Caracas 2001

AVILÉS, A. *La Deconstrucción del Derecho del Trabajo*. La Ley, Madrid 2010.

BAYÓN, G. *La autonomía de la voluntad en el Derecho del Trabajo*, 3ª Ed., Tecnos, Madrid 1955.

BELLO, H. *La Casación en el Proceso Laboral*, Paredes, Caracas 2009.

BERNAL, C. *Principio de proporcionalidad y los derechos fundamentales*, CECP, Madrid 2005.

BERNARDONI, M. *Derecho del Trabajo y de la Seguridad Social*, Última Edición, C.A., Caracas 2004.

BLASCO, A. "El deber empresarial de vigilancia de la salud y el derecho a la intimidad del trabajador". *Trabajo y Libertades Públicas*, La Ley, Madrid 1999.

BIORD, R. Reglas para los informes y trabajos de grado. IUSPO-UCAB-ITER, Caracas 2001.

BORGHI, P. y MIELI, G. *Guida alla privacy nel rapporto di lavoro*, Bancaria Editrice, Roma 2005.

BORRAJO, E. *Introducción al Derecho al Trabajo*, 10ª Ed., Tecnos, Madrid 1999.

BORRAJO, E. (Dir.). "Trabajo y Libertades Públicas", *La Ley*, Madrid 1999.

Borrajo, E., Ramírez, J. y Sala, T. (Coord.). "Derecho vivo del Trabajo y Constitución", *La Ley*, Madrid 2003.

BREWER-CARÍAS, A. *La Constitución de 1999*, 2ª Ed., Arte, Caracas 2000.

BREWER-CARÍAS, A.; y AYALA, C. *El derecho a la intimidad y a la vida privada y su protección frente a injerencias abusivas o arbitrarias del Estado*. Editorial Jurídica Venezolana, Caracas 1995.

Briones, G. *Métodos y técnicas de investigación para las Ciencias Sociales*, Trillas, México 1996.

BRONSTEIN, A. "La flexibilidad del trabajo: panorama general". *Revista de la Facultad de Ciencias Jurídicas y Políticas*, N° 75, Caracas 1990, p. 371-413.

CABALLERO, J. *Las leyes orgánicas*, El Guay, Caracas 1999.

CABANELLAS, G. *Diccionario de Derecho Laboral*. Heliasta, Buenos Aires 1998.

_____.*Compendio de Derecho Laboral*, Tomo I, 4ª Ed., Heliasta, Buenos Aires 1992.

CALDERA, R. *Derecho del Trabajo*. Ateneo, Caracas 1939.

_____. *Derecho del Trabajo,* 2ª Ed., Ateneo, Caracas 1960:

_____. *Derecho del Trabajo*, 2ª Ed., 7ª Reimp., Ateneo, Caracas 1981.

CANALES, F., ALVARADO, E. y PERRIDA, E. *Metodología de la Investigación*, 10ª Ed., Noriega Editores, México 2001.

CAPÓN, R. *Derecho del Trabajo*. Librería Editora Platense, La Plata 1998.

CARBALLO, C. (Comp). *Reflexiones en torno a la Nueva Constitución*. UCAB / FEN, Caracas 1999.

_____. "El teletrabajo (2001a)". VII Congreso Nacional de Relaciones Industriales, UCAB, Caracas.

_____. (2001b). "Delimitación del Contrato de Trabajo", UCAB, Caracas.

CARBALLO, C. y HERNÁNDEZ, O. *Comentarios al Reglamento de la Ley Orgánica del Trabajo*, Horizonte, Barquisimeto 2001.

CARBALLO, C. y VILLASMIL, H. *Ley Orgánica del Trabajo y su Reglamento. Anotado y concordado.* UCAB, Caracas 1999.

_____. *Ley Orgánica del Trabajo y su Reglamento*, 2ª Ed., UCAB, Caracas 2003.

CARDONA, Mª·, *Informática y Contrato de Trabajo*, Tirant Lo Blanch, Valencia 1999.

CASAL, J. *Los Derechos Fundamentales y sus Restricciones*, Legis, Caracas 2010.

_____. *Los derechos humanos y su protección*, UCAB, Caracas 2006.

_____. *Los derechos humanos y su protección*, 2ª Ed., UCAB, Caracas 2008.

CHAVERO, R. *El Nuevo Régimen del Amparo Constitucional en Venezuela*, Sherwood, Caracas 2001.

_____. *El Nuevo Régimen del Amparo Constitucional en Venezuela*, Suplemento 2002, Sherwood, Caracas 2002.

CHIAVENATO, I. *Administración de Recursos Humanos*. 5ª Ed., Mc. Graw Hill, Santa Fe de Bogotá 2001.

Código Civil de Venezuela. *Gaceta Oficial de la República de Venezuela*, 2.290 (Extraordinario), Julio 26 de 1982.

Código Orgánico Procesal Penal. *Gaceta Oficial de la República Bolivariana de Venezuela*, 6.078 (Extraordinario), junio 15 de 2012.

Comisión Interamericana de los Derechos Humanos. (1948). Declaración Americana de los Derechos del Hombre. http://www. cidh.oas.org/. [Consulta: 2 de sep. 2009].

CÓNCHICA, J. *Nueva Ley Orgánica Procesal del Trabajo*, 2ª Ed. Paredes Editores, Caracas 2004.

CONDE, E. *La buena fe en el contrato de trabajo*. La Ley, Madrid 2007.

Constitución de la República Bolivariana de Venezuela con Enmienda N° 1. *Gaceta Oficial de la República de Venezuela*, 5.908 (Extraordinario), febrero 15 de 2009.

Constitución de la República Bolivariana de Venezuela. (2000). *Gaceta Oficial de la República de Venezuela*, 5.453 (Extraordinario), Marzo 24 de 2000.

CORREA, M. *La limitación de los derechos fundamentales*. U.E.C., Bogotá 2003

CORNU G. (Dir.). *Vocabulario jurídico*. Temis, Santafé de Bogotá (1995).

DEAKIN, S. y MORRIS, G. *Labour Law*, 6ª Ed., Hart Publishing, Oxford 2012.

DE BUEN, N. *Derecho del Trabajo*, Tomo I, 15ª Ed., Porrúa México 2002.

DE BUEN, N. y MORGADO, E. (Coord.). *Instituciones de Derecho del Trabajo y la Seguridad Social. Academia Iberoamericana de Derecho del Trabajo y de la Seguridad Social* / UNAM. México 1997.

Decreto N° 5.234 mediante el cual se crea, con carácter permanente, la Comisión Presidencial para la Educación, Prevención y Eliminación de todas las Formas de Abuso y Explotación Sexual y Comercial, de los Niños, Niñas y Adolescentes. *Gaceta Oficial de la República Bolivariana de Venezuela*, 38.641(Ordinaria) Marzo 9 de 2007.

DE LA CUEVA, M. *El nuevo Derecho Mexicano del Trabajo*, Tomo I, 18ª Ed., Porrúa, México 2002.

DEL REY, S. (Dir.); y LUQUE, M. (Coord.). "Relaciones Laborales y Nuevas Tecnologías", *La Ley*, Madrid 2005.

DEL ROSARIO, Z. y PEÑALOZA, S. *Guía para la elaboración formal de reportes de investigación*. UCAB, Caracas 2005.

DE LA VILLA, L., GARCÍA, G., DOMÍNGUEZ, A. y DE LA VILLA, L. *Leyes Laborales y Sindicales*. Centro de Estudios Ramón Areces, S.A. Madrid 1997.

DEL GIUDICE, F., MARIANI, F. e IZZO, F. *Diritto del Lavoro*, 22ª Ed., Simone, Napoli 2005.

Departamento Jurídico de la Dirección del Trabajo del Gobierno Chileno. Ord. 2328/130. http://www.dt.gob.cl. [Consulta: 2 de sep. 2009].

Diario de debates (1999). Diario de debates de la Asamblea Nacional Constituyente de 1999. [Documento Digitalizado]. Caracas: Asamblea Nacional Constituyente.

DI PIRRO, M. *Compendio di Diritto di Lavoro*. Celt, Piacenza 2005.

Directrices Generales para garantizar la protección de los Niños, Niñas y Adolescentes contra el Abuso Sexual y la Explotación Sexual Comercial. *Gaceta Oficial de la República de Venezuela*, 37.815 (Ordinario), Noviembre 12 de 2003.

DUVERGER, M. *Métodos de las Ciencias Sociales*. Ariel. Barcelona 1961.

EKMEKDJIAN, M. Tratado de Derecho Constitucional, Tomo I, Depalma, Buenos Aires 1993.

EROLES, C. (Comp.). *Los Derechos Humanos: Compromiso Ético del Trabajo Social*, Espacio, Buenos Aires 1997.

ESCOVAR, R. *El precedente y la interpretación constitucional*, Sherwood, Caracas 2005.

ESCUDERO, F., FRIGOLA, J. y CORBELLA, T. *El principio de la buena fe en el contrato de trabajo*, Bosch, Barcelona 1996.

ESTRADA, A. *La eficacia de los Derechos Fundamentales entre Particulares*, Universidad Externado de Colombia, Bogotá 2001.

FERNÁNDEZ, A. *Lineamientos del Contrato de Trabajo*. Astrea, Buenos Aires 1975.

FERRAJOLI, L. *Derechos y Garantías. La ley del más débil*, 4ª Ed., TROTTA, Madrid 2004.

GARAY, J. y GARAY, M. *Nueva Ley de Prevención en el Trabajo*, Juan Garay, Caracas 2006.

GARCÍA, J. Procedimiento Laboral en Venezuela. Caracas 2004.

GARCÍA, M. *Derecho Constitucional*, 5ª Ed., Editorial Melvin, CTJU, Buenos Aires 1951.

_____. *Derecho Constitucional comparado*, 2ª Ed., 3XLIBRIS, Caracas 2002.

GONZÁLEZ, A. *Ley Orgánica Procesal del Trabajo*, Liber, Caracas 2003.

GOVEA, L. y, BERNARDONI, M. "Las respuestas del Supremo sobre la Constitución venezolana de 1999". *La semana Jurídica*. Caracas 2002:

_____. Congreso Latinoamericano sobre Gerencia, Ley y Jurisprudencia Laborales. Última Edición, C.A., Caracas 2005.

GUTH, A. *Reclutamiento, Selección e integración de Recursos Humanos*. Trillas, México 1999.

HENRÍQUEZ, R. *Nuevo Proceso Laboral Venezolano*, 2ª Ed., Liber, Caracas 2004.

HERNÁNDEZ, L. "El Poder de Dirección (1997). Instituciones de Derecho del Trabajo y la Seguridad Social". Academia Iberoamericana de Derecho del Trabajo y de la Seguridad Social / UNAM, México 1997.

HERNÁNDEZ, O. "Las nuevas tecnologías y el derecho del trabajo". Relaciones de Trabajo, 10/11, 1988, 195-203.

_____. *Reglamento de la Ley Orgánica del Trabajo*. Horizonte, Barquisimeto 1999.

_____. "Nuevas Tecnologías y Derecho del Trabajo. Especial Referencia a sus Influencias en Ejercicio del Derecho del Trabajador a su Intimidad Personal". Derecho del Trabajo, 11, 2011, 539-569.

HERNÁNDEZ, O. y RICHTER, J. "El Trabajo sin tutela en Venezuela: Nuevas y viejas formas de desprotección laboral". UCV, Caracas 2002.

HIRSCHBERGER, J. y MARTÍNEZ, L. *La filosofía*. Círculo de Lectores/Herder. Barcelona 1968.

HOCHMAN, E. y MONTERO, M. *Técnicas de Investigación Documental*, 10ª Reimpresión, Trillas, México 1991.

IRANZO, C. y RICHTER, J. *La subcontratación laboral. Bomba de tiempo contra la paz Social*, Cendes, Caracas 2005.

ITURRASPE, F. *Dossier sobre Condiciones y Medio Ambiente de Trabajo* (CYMAT), UCV, Caracas 1999.

ITURRASPE, F. (Coord.). *XII Congreso Iberoamericano de Derecho del Trabajo y la Seguridad Social*, 2ª Ed., UCV, Caracas 1998.

JÁÑEZ, T. *Metodología de la Investigación en Derecho. Una orientación metódica*, UCAB, Caracas 2005.

KROTOSCHIN, E. *Manual de Derecho del Trabajo*, 4ª Ed., Depalma, Buenos Aires 1993.

LA ROCHE, R. *Nuevo Proceso Laboral Venezolano*. Liber, Caracas 2003.

Ley de la Función Pública Estadística. *Gaceta Oficial de la República Bolivariana de Venezuela*, 37.321 (Ordinario), Noviembre 11 de 2001.

Ley Orgánica del Trabajo, los Trabajadores y las Trabajadoras. *Gaceta Oficial de la República Bolivariana de Venezuela*, 6.076 (Extraordinario), mayo 7 de 2012.

Ley de Reforma Parcial de la Ley Orgánica del Trabajo. (2011). *Gaceta Oficial de la República de Venezuela*, 6.024 (Extraordinario) Mayo 06 de 2011.

Ley de Reforma Parcial de la Ley Orgánica del Trabajo. *Gaceta Oficial de la República de Venezuela*, 5.152 (Extraordinario), Junio 19 de 1997.

Ley de Reforma Parcial del Código Penal. *Gaceta Oficial de la República Bolivariana de Venezuela* 5.768 (Extraordinario), Abril 13 de 2005.

Ley de Responsabilidad Social en Radio y Televisión. *Gaceta Oficial de la República Bolivariana de Venezuela*, 38.333 (Ordinario), Diciembre 12 de 2005.

Ley de Responsabilidad Social en Radio, Televisión y Medios Electrónicos. *Gaceta Oficial de la República Bolivariana de Venezuela*, 39.610 (Ordinario), Febrero 7 de 2011.

Ley especial contra delitos informáticos. *Gaceta Oficial de la República Bolivariana de Venezuela*, 37.313 (Ordinario), Octubre 30 de 2001.

Ley Orgánica contra la Delincuencia Organizada. *Gaceta Oficial de la República Bolivariana de Venezuela*, 39.912 (Ordinario), abril 30 de 2012.

Ley Orgánica de Amparo sobre Derechos y Garantías Constitucionales. *Gaceta Oficial de la República de Venezuela*, 34.060 (Ordinario), Septiembre 27 de 1988.

Ley Orgánica de Prevención, Condiciones y Medio Ambiente de Trabajo. *Gaceta Oficial de la República Bolivariana de Venezuela*, 38.236 (Ordinario), Julio 26 de 2005.

Ley Orgánica de Pueblos y Comunidades indígenas. *Gaceta Oficial de la República Bolivariana de Venezuela*, 38.344 (Ordinario), Diciembre 27 de 2005.

Ley Orgánica de Telecomunicaciones. *Gaceta Oficial de la República de Venezuela*, 39.610 (Ordinario), Febrero 7 de 2011.

Ley Orgánica del Tribunal Supremo de Justicia de la República Bolivariana de Venezuela. *Gaceta Oficial de la República Bolivariana de Venezuela*, 37.942 (Ordinario), mayo 20 de 2004.

Ley Orgánica del Tribunal Supremo de Justicia de la República Bolivariana de Venezuela. *Gaceta Oficial de la República Bolivariana de Venezuela*, 39.522 (Ordinario), octubre 1 de 2010.

Ley Orgánica para la Protección de Niños, Niñas y Adolescentes. *Gaceta Oficial de la República Bolivariana de Venezuela*, 5.859 (Extraordinario), Diciembre 10 de 2007.

Ley Orgánica Procesal del Trabajo. *Gaceta Oficial de la República Bolivariana de Venezuela*, 37.504 (Ordinario), Agosto 13 de 2002.

Ley Orgánica Sobre el Derecho de las Mujeres a una vida libre de Violencia. *Gaceta Oficial de la República Bolivariana de Venezuela*, 38.629 (Ordinario), Marzo 19 de 2007.

Ley Orgánica Sobre el Derecho de las Mujeres a una vida libre de Violencia. *Gaceta Oficial de la República Bolivariana de Venezuela*, 38.770 (Ordinario), Septiembre 17 de 2007.

Ley sobre la Protección a la Privacidad de las Comunicaciones (1991). *Gaceta Oficial de la República de Venezuela*, 34.863 (Ordinario), Diciembre 16 de 1991.

Ley sobre Mensajes de Datos y Firmas Electrónicas. *Gaceta Oficial de la República Bolivariana de Venezuela*, 37.148 (Ordinario), Febrero 28 de 2001.

Lineamientos Generales que contienen las orientaciones que deben considerarse en las Entidades de Atención que ejecutan la medida de privación de libertad para Adolescentes en conflicto con la Ley Penal. *Gaceta Oficial de la República Bolivariana de Venezuela*, 37.590 (Ordinario), Diciembre 12 de 2002.

Lineamientos para Garantizar la Protección de los Niños, Niñas y Adolescentes contra la Pornografía infantil como forma de explotación sexual comercial. *Gaceta Oficial de la República Bolivariana de Venezuela*, 38.753 (Ordinario), Agosto 23 de 2007.

LIVELLARRA, C. *Derechos y Garantías de los Trabajadores incorporados a la Constitución Reformada.* Rubinzal-Culzoni Editores, Santafé de Bogotá 2003.

LONGA, J. *Ley Orgánica del Trabajo.* 4 vols., Distribuciones Jurídicas Santana, Caracas 1999.

LÓPEZ, M. *La Relación Laboral de los Trabajadores puestos a disposición: Aspectos individuales y colectivos.* Tirant Lo Blanch, Valencia 2001.

MANGARELLI, C. Derecho Fundamental a la vida privada del trabajador. (2011a). Derecho del Trabajo y Derecho de la Seguridad Social. UCAB / Fundación Universitas, Caracas 2011.

_____. (2011b). Derechos del empleador a la organización y dirección de empresa. Derecho del Trabajo, 12, Caracas 2011, 57-75.

MARÍN, F. *Curso de Procedimiento Laboral Venezolano*, Jurídicas Rincón, Barquisimeto 2003.

_____. *Curso de Procedimiento Laboral Venezolano*, 2ª Ed., Vadell Hermanos, Caracas 2005.

MARTÍN, A. RODRÍGUEZ, F. y GARCÍA, J. *Derecho del Trabajo*, 8ª Ed., Tecnos, Madrid 1999.

MARTÍN-MARCHESINI, G. "El Poder de Dirección. Estudios sobre Derecho Individual de Trabajo". En *Homenaje al Prof. Mario L. Deveali*, Heliasta, Buenos Aires 1979.

MARTÍNEZ, D. "El control empresarial del uso de las nuevas tecnologías y la extinción del contrato de trabajo por causas objetivas. Relaciones Laborales y Nuevas Tecnologías". *La Ley*, Madrid 2005.

MERCADER, J. "Derecho del Trabajo. Nuevas Tecnologías y Sociedad de la Información". LEX NOVA, Valladolid 2002.

MILLE, G. *Derecho del Trabajo en la Constitución Bolivariana y comentarios sobre legislación laboral*. Paredes, Caracas 2001.

MIRABAL, I. (Coord.). *Derecho Procesal del Trabajo*. Pitágoras / Librería Jurídicas Rincón, Caracas 2005.

MIROLO, R. "La facultad de dirección en la empresa. Estudios sobre Derecho Individual de Trabajo". En *Homenaje al Prof. Mario L. Deveali*. Heliasta. Buenos Aires 1979.

MONTEIRO, A. *Direito do Trabalho*. 16ª Ed., Ediciones Almedina, S.A. Coimbra 2012.

MONTOYA, A. *Derecho del Trabajo*. 21ª Ed., Tecnos, Madrid 2001a.

_____. *La buena fe en el Derecho del Trabajo*. Tecnos, Madrid 2001b.

MORA, O. (Coord.). I Convención Nacional de Jueces del Trabajo. TSJ, Caracas 2005.

MUJICA, R. (1985). *Las Obligaciones en el Contrato del Trabajo*, 5ª Ed., Lola de Fuenmayor, Caracas 1985.

NISSENBAUM, H. *Privacidad amenazada*. Océano, México 2011.

Normas de evaluación para el Ingreso a la Jurisdicción Militar. *Gaceta Oficial de la República Bolivariana de Venezuela*, 37.232 (Ordinario), Julio 3 de 2001.

Normas de Evaluación y Concurso de oposición para el Ingreso y Ascenso a la Carrera Judicial. *Gaceta Oficial de la República Bolivariana de Venezuela*, 38.282 (Ordinario), Septiembre 28 de 2005.

Normas de Evaluación y Concursos de Oposición para el Ingreso y Permanencia en el Poder Judicial. *Gaceta Oficial de la República Bolivariana de Venezuela*, 36.910 (Ordinario), Marzo 14 de 2000.

Normas del Concurso Público de Credenciales y de Oposición para el Ingreso a la Carrera Fiscal. *Gaceta Oficial de la República Bolivariana de Venezuela*, 39.637 (Ordinario), Marzo 18 de 2011.

Normas Generales del Archivo del Ministerio de Relaciones Exteriores. *Gaceta Oficial de la República de Venezuela, 4.683 (Extraordinario)*, Febrero 1° de 1994.

Normas relativas a la Administración y Fiscalización de los riesgos relacionados con los delitos de legitimación de capitales y financiamiento al terrorismo aplicables a las Instituciones reguladas por esta Superintendencia. *Gaceta Oficial de la República de Venezuela*, 39.494 (Ordinario), Agosto 24 de 2010.

Oficina Internacional del Trabajo (OIT). El VIH / SIDA y el mundo del trabajo. OIT. Francia 2002.

Oficina Internacional del Trabajo. Informe de la Comisión de Expertos en Aplicación de Convenios y Recomendaciones. OIT. Ginebra 2003.

OLASO, L. *Introducción al Derecho. Introducción a la Teoría General del Derecho*, 3ª Ed., Tomo I, UCAB, Caracas 1998.

Organización de las Naciones Unidas (1948). Declaración Universal de los Derechos Humanos. http://www.un.org. [Consulta: 2 de sep. 2009].

Organización de las Naciones Unidas (1966a). Pacto Internacional de los Derechos Económicos Sociales y Culturales. http:// www2.ohchr.org. [Consulta: 2 de sep. 2009].

Organización de las Naciones Unidas (1966b). Pacto Internacional de los Derechos Civiles y Políticos. http://www2.ohchr.org. [Consulta: 2 de sep. 2009].

Organización de las Naciones Unidas (1989). Convención sobre los Derechos del Niño. http://www.oas.org. [Consulta: 2 de sep. 2009].

Organización de las Naciones Unidas (1991). Declaración final de consenso de la Consulta Paneuropea sobre el VIH/SIDA en el Contexto de la Salud Pública y los Derechos Humanos. http://www. oas.org. [Consulta: 2 de sep. 2009].

Organización de los Estados Americanos (1969). Convención Americana de Derechos Humanos. http://www.oas.org. [Consulta: 2 de sep. 2009].

Organización Internacional del Trabajo (1997a). Convenio sobre las Agencias de Empleo Privadas (C.OIT No. 181). http://www. ilo.org. [Consulta: 2 de sep. 2009].

Organización Internacional del Trabajo (1997b). Recomendación sobre las agencias de empleo privadas (R. OIT No. 188). http://www.ilo.org. [Consulta: 2 de sep. 2009].

Organización Internacional del Trabajo (1997c). Protección de los datos personales de los trabajadores. Ginebra: OIT.

ORTIZ, L. "El derecho del trabajador a la intimidad informática y el respeto de su libertad sindical. Trabajo y Libertades Públicas", *La Ley*, Madrid 1999.

ORTIZ-ORTIZ, R. "Configuración del Derecho a la Intimidad como Derecho Civil Fundamental". *Revista de Derecho*, 5, 2002, p. 87-149.

OSSORIO, M. (s/f). *Diccionario de Ciencias Jurídicas, Políticas y Sociales*. Heliasta, Buenos Aires.

OVIEDO, M. *Control empresarial sobre los <<e-mails>> de los dependientes*. Hammurabi. Buenos Aires 2004.

PALOMEQUE, M. *Derecho del Trabajo e ideología*, 5ª Ed., Tecnos. Madrid 1995.

PALOMEQUE, M. y ÁLVAREZ, M. *Derecho del Trabajo*. 9ª Ed., Centro de Estudios Ramón Areces, S.A. Madrid 2001.

_____. *Derecho del Trabajo*. 19a Ed., CERASA, Madrid 2011.

Parlamento Europeo. Carta de los derechos fundamentales de la Unión Europea. http://www.europarl. europa.eu/. [Consulta: 2 de sep. 2009].

PARRA, F. *Antecedentes del Derecho del Trabajo en Venezuela*. José Agustín Catalá, Caracas 1999.

PARRA, F. (Ed.). *Doctrina Comentada del Tribunal Supremo de Justicia en Sala de Casación Social*. TSJ. Caracas 2002.

_____. "Estudios sobre Derecho del Trabajo". Libro *Homenaje a José Ramón DUQUE SÁNCHEZ*. (2 vols.). TSJ. Caracas 2003.

_____. *Ley Orgánica Procesal del Trabajo*. 2 vols., TSJ. Caracas 2004.

_____. *Ensayos Laborales*. TSJ, Caracas 2005.

PECES-BARBA, G. *Lecciones de Derechos Fundamentales*. Dykinson, Madrid 2004.

PEDRAJAS, A. *Despido y derechos fundamentales: Estudio especial de la presunción de inocencia*. TROTTA, Madrid 1992.

PEÑA, J. *Los tipos normativos en la Constitución de 1999*. TSJ, Caracas 2005.

PERDOMO, J. *Repertorio de Jurisprudencia*. 1ª reimp., TSJ, Caracas 2005.

PERDOMO, J. (Coord.). *II Congreso Internacional de Derecho Procesal del Trabajo*. TSJ. Caracas 2005.

PÉREZ, E. *Comentarios a la Ley Orgánica Procesal del Trabajo*. Vadell Hermanos. Valencia 2003.

PÉREZ, E. *Curso de Derecho del Trabajo*. Laus Deo, Madrid 1950.

PERSIANI, M. *Argomenti Di Diritto del Lavoro*. CEDAM, Italia 2001.

PETRUCCI, R. *Codice del lavoro*. 8ª Ed., Simone, Napoli 2005.

PINTO, S. *Direito do Trabalho*. 15ª Ed., Atlas, Sao Paulo 2002.

PLÁ, A. *Los principios del Derecho del Trabajo*. 3ª Ed., Depalma, Buenos Aires 1998.

PORRAS, J. "Ley Orgánica del Trabajo y su Reglamento. Manual Práctico ampliado totalmente actualizado. LOT y RLOT (Concordados)". *Jurisprudencia del Trabajo* (Tomo I.), Caracas 2002.

PORRAS, J. "Ley Orgánica del Trabajo y su Reglamento. Manual Práctico ampliado totalmente actualizado. Jurisprudencia 1992-2002". *Jurisprudencia del Trabajo*. (Tomo II). Caracas 2002.

PORRAS, J. "Ley Orgánica del Trabajo y su Reglamento". *Jurisprudencia del Trabajo*. Tomo IV. Caracas 2004.

Programa Venezolano de Educación-Acción en Derechos Humanos (PROVEA). Historia de los Derechos Humanos. Provea, Caracas 2003.

_____. *La Defensa de los Derechos Económicos, Sociales y Culturales*. Provea. Caracas 2004.

_____. *Conceptos y características de los Derechos Humanos*. Provea. Caracas 2005.

_____. *Los Derechos Económicos, Sociales y Culturales*. Provea. Caracas 2005.

_____. *Los Derechos Humanos en la Constitución de la República Bolivariana de Venezuela*. Provea. Caracas 2005.

QUIVY, R. y CAMPENHODT, L. *Manual de Investigación en las Ciencias Sociales*. Noriega Editores. México 2001.

RAMOS, M. *La Garantía de los Derechos de los Trabajadores*. LEX NOVA. Valladolid 2002.

RASO, J. "Flexibilización: ¿desregulación o adaptación del Derecho del Trabajo?". *Revista de la Facultad de Ciencias Jurídicas y Políticas*, 87, 1993, p. 383-418.

Real Academia Española. *Diccionario de la Lengua Española*. 22ª Ed., Espasa Calpe, Madrid 2001.

REBOLLO, L. *El Derecho Fundamental a la Intimidad*. 2ª Ed., Dykinson. Madrid 2005.

Decreto 039, mediante el cual se dicta el Régimen Especial sobre el Sistema de Administración de Personal del Distrito Metropolitano de Caracas. *Gaceta Oficial de la República de Venezuela*, 37.108 (Ordinario), Diciembre 28 de 2000.

Reglamento de la Ley Orgánica del Trabajo. *Gaceta Oficial de la República Bolivariana de Venezuela*, 38.426 (Ordinario), Abril 28 de 2006.

Reglamento del Régimen Disciplinario del Cuerpo de Investigaciones Científicas, Penales y Criminalísticas. *Gaceta Oficial de la República Bolivariana de Venezuela*, 37.711 (Ordinario), Junio 13 de 2003.

Reglamento Parcial del Decreto con Rango, Valor y Fuerza de Ley Orgánica del Trabajo, de los Trabajadores y las Trabajadoras. *Gaceta Oficial de la República Bolivariana de Venezuela*, 40.157 (Ordinario), Abril 30 de 2013.

Reglamento Parcial del Decreto Ley sobre Mensajes de Datos y Firmas Electrónicas. *Gaceta Oficial de la República Bolivariana de Venezuela*, 38.086 (Ordinario), Diciembre 14 de 2004.

Resolución N° 320 por la cual se determinan las políticas normas y procedimientos de Seguridad Informática física y lógica, en los bienes informáticos de los Órganos y Entes de la Administración Pública. *Gaceta Oficial de la República Bolivariana de Venezuela*, 38.414 (Ordinario), Abril 6 de 2006.

Resolución No. 390 por la cual se delega en la Superintendencia de Servicios de Certificación Electrónica, la gestión de las atribuciones que en ella se mencionan. *Gaceta Oficial de la República Bolivariana de Venezuela*, 38.567 (Ordinario), Noviembre 20 de 2006.

Resolución No. SG.-439 del Ministerio de Sanidad y Asistencia Social. *Gaceta Oficial de la República Bolivariana de Venezuela*, 35.538 (Ordinario), Septiembre 2 de 1994.

REY, E. *Celebración y jerarquía de los Tratados de Derechos Humanos (Colombia y Venezuela)*. UCAB. Caracas 2007.

RIQUERT, M. *La protección penal de la intimidad en el espacio virtual*. Ediar. Buenos Aires 2003.

RODRÍGUEZ, J. *Derechos fundamentales y relaciones laborales*. Astrea. Buenos Aires 2004.

RODRÍGUEZ, J. (Dir.). *Curso de Derecho del Trabajo y de la Seguridad Social.* 2ª Ed., Astrea, Buenos Aires 1996.

_____. (Dir.). *Derecho del Trabajo,* Tomo I, Astrea, Buenos Aires 2010.

ROMERO, S. "Intimidad e informática en el ámbito de las relaciones laborales. Trabajo y Libertades Públicas". *La Ley,* Madrid 1999.

RONDÓN, H. *Análisis de la Constitución Venezolana de 1999. Parte Orgánica y Sistemas.* EXLIBRIS. Caracas 2000.

RUIZ-BERDEJO, F. *Discernimiento vocacional y Derecho a la Intimidad en el candidato al Presbiterado Diocesano.* Editrice Pontificia Università Gregoriana, Roma 2005.

SABINO, C. *El proceso de la Investigación.* Panapo, Caracas 1992

SALA, T. "El derecho a la intimidad y a la propia imagen y las nuevas tecnologías de control laboral. Trabajo y Libertades Públicas". *La Ley,* Madrid 1999.

SAINZ, C. *Nueva Ley Orgánica Procesal del Trabajo.* 3ª Ed., CEDIL, Caracas 2003.

SILVESTRE, R. y MASCARO, A. (Comp.). *Os novos paradigmas do Direito do Trabalho homenagem a Valentin Caniozo).* Saraiva, Sao Vicente 2001.

SOLOMBRINO, M. y MARANO, A. *Compendio de Diritto di Lavoro* 9ª Ed., Simone, Napoli 2005.

SUPIOT, A. (Comp.). *Trabajo y Empleo.* Tirant Lo Blanch, Valencia 1999.

SYLVESTER, H. *Diccionario Jurídico del Trabajo.* Claridad, Buenos Aires 1960.

TAMAYO, J. *Intervenciones Telefónicas y Grabaciones Ilícitas.* ESIT, Caracas 1999.

TAYLOR, S. y BOGDAN R. *Introducción a los métodos cualitativos de Investigación.* Paidós, Barcelona 1996.

TORRES, I. *Casación Laboral*. Italgráfica, Caracas 2004.

TORRES, M. *El derecho a la intimidad en el ámbito de las relaciones de trabajo. Temas sobre Derechos Constitucionales*. Vadell Hermanos, Caracas 2003.

TOVAR, O. *La jurisdicción constitucional*. Academia de Ciencias Políticas y Sociales, Caracas 1983.

Revista Trabajo. 57, septiembre 2006.

Tribunal Supremo de Justicia (2000). Sentencia No. 7 Sala Constitucional. http://www.tsj.gov.ve. [Consulta: 2 de sep. 2009].

Tribunal Supremo de Justicia (2001). Sentencia No. 462 Sala Constitucional. http://www.tsj.gov.ve. [Consulta: 2 de sep. 2009].

Tribunal Supremo de Justicia (2002a). Sentencia No. 1.723 Sala Constitucional http://www.tsj.gov.ve. [Consulta: 2 de sep. 2009].

Tribunal Supremo de Justicia (2002b). Sentencia No. 2.424 Sala Constitucional http://www.tsj.gov.ve. [Consulta: 2 de sep. 2009].

Tribunal Supremo de Justicia (2002c). Sentencia No. 2.573 Sala Constitucional http://www.tsj.gov.ve. [Consulta: 2 de sep. 2009].

Tribunal Supremo de Justicia (2002d). Sentencia No. 489 Sala de Casación Social. http://www.tsj.gov.ve. [Consulta: 2 de sep. 2009].

Tribunal Supremo de Justicia (2003a). Sentencia No. 1942 Sala Constitucional. http://www.tsj.gov.ve. [Consulta: 2 de sep. 2009].

Tribunal Supremo de Justicia (2003b). Sentencia No. 2641 Sala Constitucional. http://www.tsj.gov.ve. [Consulta: 2 de sep. 2009].

Tribunal Supremo de Justicia (2005). Sentencia No. 1798 Sala Constitucional. http://www.tsj.gov.ve. [Consulta: 2 de sep. 2009].

Tribunal Supremo de Justicia (2006a). Sentencia No. 403 Sala Constitucional. http://www.tsj.gov.ve. [Consulta: 2 de sep. 2009].

Tribunal Supremo de Justicia (2006b). Sentencia No. 1107 Sala Constitucional. http://www.tsj.gov.ve. [Consulta: 2 de sep. 2009].

Tribunal Supremo de Justicia (2006c). Sentencia No. 1281 Sala Constitucional. http://www.tsj.gov.ve. [Consulta: 2 de sep. 2009].

Tribunal Supremo de Justicia (2010). Sentencia No. 745 Sala Constitucional. http://www.tsj.gov.ve. [Consulta: 20 de nov. 2011].

Tribunal Supremo de Justicia (2006d). Sentencia No. 847 Sala de Casación Social. http://www.tsj.gov.ve. [Consulta: 2 de sep. 2009].

Tribunal Supremo de Justicia (2006e). Sentencia No. 1003 Sala de Casación Social. http://www.tsj.gov.ve. [Consulta: 2 de sep. 2009].

Tribunal Supremo de Justicia (2007a). Sentencia No. 229 Sala Constitucional. http://www.tsj.gov.ve. [Consulta: 2 de sep. 2009].

Tribunal Supremo de Justicia (2007b). Sentencia No. 206 Sala de Casación Social. http://www.tsj.gov.ve. [Consulta: 2 de sep. 2009].

Tribunal Supremo de Justicia (2007b). Sentencia No. 379 Sala de Casación Social. http://www.tsj.gov.ve. [Consulta: 2 de sep. 2009].

Tribunal Supremo de Justicia (2008a). Sentencia No. 1259 Sala Constitucional. http://www.tsj.gov.ve. [Consulta: 2 de sep. 2009].

Tribunal Supremo de Justicia (2008b). Sentencia No. 2082 Sala de Casación Social. http://www.tsj.gov.ve. [Consulta: 2 de sep. 2009].

Universidad Central de Venezuela (UCV). *Introducción al Conocimiento Científico.* 2ª Ed., UCV, Caracas 1992.

_____. *Libro Homenaje a Fernando Parra Aranguren.* 2 tomos, UCV, Caracas 2001.

VALBUENA, A. *El habeas data y la relación de trabajo. Memoria del Congreso Internacional de Derecho del Trabajo y la Seguridad Social.* Tribunal Supremo de Justicia, Caracas, Mayo 2002, pp. 1-6.

Venezuela, Tribunal Supremo de Justicia. Congreso Internacional de Derecho del trabajo y la Seguridad Social. TSJ, Caracas 2002.

VILLASMIL, F. y VILLASMIL, M. *Nuevo Procedimiento Laboral Venezolano.* Librería Europa, C.A., Maracaibo 2003.

VILLASMIL, H. *Estudios del Derecho del Trabajo.* UCAB, Caracas 2001.

_____. *Fundamentos de Derecho Sindical venezolano.* UCAB, Caracas 2003.

_____. *Relaciones laborales en tiempo presente.* UCAB Caracas 2007a.

_____. "Los desafíos del Derecho del Trabajo: solamente a mantera de exordio". *Derecho del Trabajo, 3,* 2007b., p. 725-749.

VILLEGAS, J. *Administración de personal.* 2ª Ed., Los heraldos negros, Caracas 1997.

VIVERO, J. *La huelga en los servicios esenciales.* Lex Nova, Valladolid 2002.

VON POTOBSKY, y BARTOLOMEI, H. *La Organización Internacional del Trabajo.* 1ª Reimpresión, Astrea, Buenos Aires 2002.

ZALDIVAR, M. y otros. *Ley Orgánica del Trabajo.* Mc. Graw Hill, Caracas 1997.

ZAMBRANO, F. *Constitución de la República Bolivariana de Venezuela.* 2 tomos, Atenea, Caracas 2004.

ÍNDICE GENERAL

CAPÍTULO III

ZONAS DE ENCUENTRO ENTRE DETERMINADAS PRERROGATIVAS DEL SUJETO CONTRATANTE Y EL DERECHO A LA INTIMIDAD DE LAS PERSONAS (SITUACIONES PRE-CONTRACTUALES) 119

CAPÍTULO V

EL PODER DE CONTROL Y VIGILANCIA PATRONAL Y EL DERECHO A LA INTIMIDAD DE LOS TRABAJADORES EN SITUACIONES EXTRALABORALES

www.ingramcontent.com/pod-product-compliance
Lightning Source LLC
Chambersburg PA
CBHW020346270326
41926CB00007B/331